부모의 생각이 바뀌면
자녀의 미래가 달라진다

부모의 생각이
바뀌면 자녀의
미래가 달라진다

2009년 5월 11일 초판 1쇄 발행
2012년 5월 1일 개정 7쇄 발행

지은이 | 윤일현
펴낸이 | 신중현
펴낸곳 | 도서출판 學而思
주소 | 대구광역시 중구 동산동 7번지
전화 | 053-554-3431~2
팩스 | 053-554-3433
홈페이지 | http://www.학이사.kr
ISBN 978-89-93280-10-4 030400

부모의 생각이 바뀌면 자녀의 미래가 달라진다

윤일현 지음

學而思 학이사

〈개정판〉을 펴내면서

"바다를 본 사람은 물에 대해 이야기하기를 어려워하고,
성인의 문하에서 노닐던 사람은 말을 함부로 하지 않는다."
(觀於海者 難爲水 遊於聖人之門者 難爲言)
맹자의 말씀을 다시 곰곰이 음미해 봅니다.

'참교육'이라는 바다, 그 진정한 모습을 제대로 본 적이 없기 때문에,
이렇게 많은 말을 함부로 하고 있습니다.

늘 바다를 생각하며 바다에 이르기를 꿈꾸어 왔습니다.
어둠을 밝혀 주는 등불 같은 어른들이 많이 나와
어린 영혼들의 짓눌린 어깨를 조금이라도 가볍게 해 주길 갈망해 왔습니다.

부질없는 짓이라며 말문을 닫아버리기보다는 부모와 자녀,
가르치는 사람과 배우는 사람이 서로 손잡고 머리와 가슴을 맞대면
바다로 가는 길을 찾을 수 있을 것입니다.
그 희망을 끝까지 부여안고 살아가고 싶습니다.

초판이 나온 이래로
독자들께서 보내주신 따뜻한 성원의 뜻을 되새겨 봅니다.
힘겹지만 늘 꿈을 꾸며 그 꿈의 실현을 위해 노력하는 사람들이
보다 큰 희망을 창조하고 있다는 사실을 확인하게 되었습니다.

감사하는 마음으로 다시 길을 찾아 나섭니다.

지은이 윤 일 현

■ 차 례

부모의 생각이
바뀌면 자녀의
미래가 달라진다

1 온 가족이 거실에서

감성과 이성 • 10 │ 즐겨야 성적이 오른다 • 12 │ 자기 열등화 전략
• 14 │ 집중과 몰입의 기쁨 • 16 │ 오만과 편견 • 18 │ 창조적 아웃
사이더 • 20 │ 기초학력과 사회생활 • 22 │ 인문학의 위기와 예체
능교육 • 24 │ 백범 선생과 외모 • 26 │ 잠과의 전쟁 • 28 │ 상상력
과 국가 경쟁력 • 30 │ 진정성의 위기와 독서 • 32 │ 단조로움과
뇌기능 • 34 │ 신학기와 꿈 • 36 │ 경쟁력을 기르려면 • 38 │ 청소
년기와 여가 선용 • 40 │ 자연과 정서 • 42 │ 표현력과 일기 • 44 │
맹목과 극단의 희생자들 • 46 │ 칼 포퍼와 논술교사 • 48

2 온 가족이 공부방에서

자기 주도적 습관 기르기 • 52 │ 내신 관리 이렇게 • 57 │ 모의고사와 부모 • 63 │ 형광펜과 젊은날의 독서 • 65 │ 학원 선택 이렇게 • 68 │ 입학사정관제 대비 이렇게 • 74 │ 패러다임 개념과 공부 • 79 │ 예습과 작심삼일 • 81 │ '대박'은 없다 • 83 │ 징크스와 대박 • 85 │ 긍정의 힘 • 87 │ 공부 잘하는 아이들 • 89 │ 언어영역 이렇게 공략하자 • 91 │ 수학 선행학습의 문제점 • 93 │ 영어 공부 제대로 하려면 • 95 │ 수험생이 기다리는 고도 • 97 │ 왜 읽고 써야 하는가 • 99

3 부부가 함께

멘토를 찾아주자 • 102 │ 버지니아 울프의 학습 방법 • 104 │ 긴장과 경쟁, 변화를 즐기자 • 107 │ 돋보기로 종이 태우기 • 109 │ 미세한 차이가 자녀 교육을 좌우한다 • 111 │ '고3 병'의 예방과 치료 • 114 │ 언어폭력 • 119 │ 과장된 성공담 • 121 │ 교육에서의 소외 • 123 │ 착한 아이가 위험하다 • 125 │ 가상세계에 갇힌 아이들 • 127 │ 마음의 감옥 • 129 │ 수퍼맘 전성시대 • 132 │ 오바마의 어머니 • 134 │ 이 시대의 허상, 조기진도 • 136 │ 기다릴 줄 아는 부모 • 139 │ 긴 호흡의 승부 • 141 │ 디오니소스적인 삶을 생각하며 • 145 │ 현명한 부모 • 148

4 온 가족이 자연 속으로

황룡사지를 걸으며 • 152 | 정서적 공감대 만들기 • 155 | 5월과
청소년 • 161 | 산 속에서 • 163 | 추령재를 넘으며 • 165

5 불혹의 아이들

불혹의 아이들 • 168 | 꿈 • 170 | 침묵 • 172 | 진실한 눈빛 • 174 |
아름다운 사람 • 176 | 음악 • 178 | 소나무 • 180 | 방학 • 182 |
위기관리 • 184 | 4월과 수험생 • 186 | 시간에 관하여 • 188 | 이
땅의 아버지 • 190 | 차 한 잔의 여유 • 192 | 감꽃 • 194 | 괴짜 •
196 | '같이' 보다는 '따로' • 198 | 디지털 시대와 고전읽기 • 200 |
표현력기르기 • 204 | 인간성 회복과 TV • 211 | 철학과 인문학 •
213 | 모로 가는 서울 • 216 | 불안정과 예측불허의 가능성 • 218 |
젊은 시인에게 보내는 편지 • 220 | 들뜬 사회와 균형감각 • 222

제1장 온 가족이 거실에서

우리는 아이가 좀 자신만만하고 튄다 싶으면 무조건 기를 죽여 놓고 보는 경향이 있다. 초등학교 때부터 항상 들어온 '벼는 익을 수록 고개를 숙인다'라는 말을 꼼꼼하게 분석해 보자. 가을날 속이 꽉 찬 벼라야 고개를 숙인다. 오뉴월의 어린 벼는 고개를 숙일 수 없다. 아니 숙여서는 안 된다. 오뉴월에 고개 숙인 벼는 가을이 와도 쭉정이밖에 안 된다.

감성과 이성

"조물주의 손에서 나올 때는 착한 존재가, 사람의 손에서 모든 것이 타락한다."

루소가 《에밀》첫 줄에서 기술하고 있는 선언이다. 그는 '사회제도와 정치제도, 그리고 교육이 인간의 본성을 왜곡한다'고 지적했다. 루소가 추구한 이상적인 인간상은 '자연인'이다. 그가 말하는 자연인이란 방치된 상태의 인간이 아니라 '감성'과 '이성'이 순차적인 발달과정에 따라 상호 조화를 이루고 있는 제대로 교육받은 인간을 말한다. 그는 진정한 자연인을 만들기 위해서는 이 두 가지를 단계적으로 조화시키는 과정에 충실해야 한다고 주장했다.

루소에 따르면 아동기에는 '감성교육', 그 이후 소년기, 청년기까지는 '이성교육'에 중점을 둬야 한다. 감성과 이성은 상호 배타적인 관계가 아니라 선후의 문제이다. 감성은 이성의 발달에 전제되는 기초이고, 이성은 감성의 성숙단계이기 때문에 둘은 필연적인 협력관계에 있다. 또한 교사는 학생에게 지식을 가르치는 것이 아니라 지적호기심을 자극하여 진리 추구의 방법을 스스로 찾을 수 있도록 도와주어야 한다. 그는 틀에 박힌 교육을 거부하고 개인의 잠재력과 개성을 그 무엇보다도 강조했다.

광기에 가까운 논술 열풍이 전국을 강타한 적이 있다. 차가운 이성과 논리는 범람하는데 섬세한 감성과 뜨거운 감동, 온몸을 전율하게 하는 도취는 없었다. 독서의 즐거움과 작품 읽기를 통한 감동을 맛보지 못한 아이들에게 딱딱한 논리와 형식적인 글쓰기를 가르치는 것은 일종의 죄악이라고 할 수 있다. 잘못된 논술지도는 가능성의 총체인 아이들을 정서적인 불구자로 만들 수 있다. 논리의 근저에는 풍부한 감성이 있어야 한다. 논리만으로 사람을 설득할 수는 없다.

우리 아이들은 한 작품을 깊이 있게 읽으며 진한 감동을 체험하기 보다는 요약집을 통하여 여러 작품의 줄거리를 암기하도록 강요받는 경우가 더 많다. 이런 독서에 무슨 감동이 있고 즐거움이 있겠는가. 좋은 글을 쓰기 위해서는 먼저 좋은 글을 읽고 몸과 마음으로 감동을 받을 수 있는 예민한 감수성을 길러야 한다. 이는 작품 감상을 통해서만 가능하다. 감성과 감동은 논리나 이성보다 깊고 긴 여운을 남긴다.

"감성에 의해 이성은 완성된다."

즐겨야 성적이 오른다

　유명한 스포츠 스타들은 절정의 기량을 발휘한 후 '게임을 즐겼다.'라는 말을 자주한다. 스포츠 평론가들은 어릴 때부터 경기를 즐기는 법은 배우지 않고, 결과만 두고 칭찬과 질책이 되풀이 되는 강압적 훈련을 받으면 결코 세계적인 수준에 이를 수 없다고 말한다.

　공부도 마찬가지다. 시험 점수만 가지고 모든 것을 평가하는 상황에서는 즐기는 공부 자체가 불가능하다. 부모가 모든 것을 계획하고 간섭하면 저학년 때는 극성스런 관리와 반복적으로 진행되는 실전 훈련 덕택에 다른 학생들보다 성적이 좋을 수 있다. 그러나 자기 주도적인 학습을 할 수 없고 공부를 즐길 수 없다면 학년이 올라갈수록 성적이 떨어진다. 기본기가 확실하게 다져져 있고 게임 자체를 즐길 수 있는 선수는 결정적인 순간이나 위기 상황에서 당황하지 않는다. 그런 순간에도 상상력과 창의력이 정상적으로 자연스럽게 발휘된다. 결정적인 순간에 실패하면 모든 것이 끝난다는 부담을 가질 때, 선수는 몸이 경직되어 엉뚱한 실수를 하게 되고, 학생은 불안과 초조 때문에 아는 문제도 틀리게 된다.

아이와 처음 산행을 할 때, 빨리 정상에 도달하기 위해 쉴 새 없이 몰아붙인다면 다음에는 온갖 핑계를 대며 동참하려 하지 않을 것이다. 천천히 걸어가며 나무와 산새, 산짐승과 야생화 등에 대해 새로운 경험을 하며, 적절한 수고 끝에 정상에 올라 말로 표현할 수 없는 상쾌함과 성취감을 맛보게 될 때, 다음에는 더 힘이 든다 해도 즐거운 마음으로 따라 나서게 될 것이다. 공자는 '아는 것은 좋아하는 것만 못하며, 좋아하는 것은 즐기는 것만 못하다.' 라고 했다. 더 높이 올라가기 위해서는 어떤 일이든 즐기는 법을 터득해야 한다.

공부를 잘 하기 위해서는 기본 개념과 원리를 이해하고 정리하는데 보다 많은 시간을 투자해야 한다. 교과적인 기본을 되씹고 곱씹어 개념과 원리를 가지고 놀며 즐길 수 있는 상태가 되면, 시험을 포함해서 그것을 적용하고 응용하는 모든 과정이 즐거울 것이다. 시험이 다가오면 대부분 학생들은 문제풀이에 집착한다. 기본 개념이 정리되어 있지 않으면 아무리 문제를 많이 풀어도 소용이 없다. 고득점을 바란다면 마지막 순간까지 문제 풀이의 양보다는 개념을 이해하고 정리하는 데 중점을 두어야 한다. 그 무엇보다도 배우고 깨쳐가는 과정 자체를 즐기도록 노력해야 한다.

자기 열등화 전략

　　미국의 사회 심리학자 에드워드 존스와 스티브 버글러스가 처음으로 이론화한 '자기 열등화 전략(self-handicapping strategy)'이라는 것이 있다. 자신의 업무 수행 능력을 일부러 낮게 잡아놓고 만약 실패 한다면 그 원인을 외부의 탓으로 돌리고, 성공하면 자신의 역량 이상으로 성취한 것으로 평가 받으려는 전략이다. 항상 잠재적인 실패 가능성에 직면해 있는 사람들이 실패를 합리화하거나 변명하기 위해 자주 사용하는 방법이다.

　　상당수의 수험생들이 '자기 열등화 전략'을 사용한다. 시험 전날 잠을 못 자거나, 시험만 다가오면 머리가 아프거나 배가 아픈 수험생이 많다. 이 경우 대부분의 어머니들은 시험 치러 가는 자녀에게 "잘 칠 생각하지 말고, 그냥 최선을 다 해 끝까지 앉아 있기만 해라."라고 말한다. 잘 치면 대단한 의지와 정신력의 소유자로 칭찬 받는다. 못 쳐도 잠을 못 자서, 아파서 실력 발휘를 못했기 때문에 비난과 질책에서 벗어나게 된다. 우리처럼 경쟁이 치열하고 남과의 비교 때문에 스트레스를 많이 받는 상황에서는 상당수의 아이들이 잠재적 실패에 대비해 미리 다양한 변명거리를 만드는 경향이 있다.

문제는 이런 전략을 자주 쓰면 진정한 발전을 기대할 수 없을 뿐만 아니라, 가지고 있는 능력조차도 제대로 발휘할 수 없게 되어 결국은 변명만 늘어놓는 나약한 사람이 되기 쉽다는 것이다. 부모님들도 부지불식간에 이 전략에 익숙해져 있다. 상담을 하다보면 자녀의 노력과 성취욕구의 결여보다는 몸이 약해서, 친구를 잘 못 사귀어서, 감기약을 잘 못 먹어서 등의 변명으로 자녀의 부진과 나태를 옹호하는 부모님들이 많다.

'자기 열등화 전략' 습관과 그 유혹을 어떻게 극복할 것인가. 사회적으로는 결과 중시주의 풍조가 사라져야 한다. 개인은 과정을 중시하고 즐기는 법을 터득해야 한다. 마지막 순간까지 낙관적인 마음가짐으로 최선을 다하되 결과는 담담하게 받아들이는 훈련을 해야 한다. 일이든 공부든 일단 한 매듭이 지어지면 나쁜 기억들은 툭툭 털어버리고 다시 출발하는 적극적이고 미래지향적인 삶의 자세가 그 무엇보다도 중요하다.

집중과 몰입의 기쁨

　악마를 뜻하는 영어 단어 'devil'은 '떼어내다', '동강내다'라는 뜻을 가진 희랍어 'diabollein'에서 나왔다. 어원상 악마는 무엇을 분리시키고 분열시키는 존재를 말한다. 우리는 한 사람의 영혼이나 공동체를 분열시키고 괴롭게 만드는 유무형의 존재가 있을 때 그것을 악마라고 부르기도 한다. 학생이 정신을 집중해서 공부하고 싶은데 잡생각이 나는 것도 악마의 방해라고 할 수 있다. 책을 읽는데 줄거리에 빠져들지 못하고 자꾸 딴 생각이 나는 것도 자기 내면의 악마에게 시달림을 받는다고 할 수 있다. 분열과 분리의 고통에서 벗어나는 길은 무엇인가? 다른 모든 것을 잊을 수 있을 정도로 어디엔가 몰두하는 것이다. 심리학자 미하이 칙센트미하이는 집중과 몰입은 악마가 추방된 가장 즐거운 상태라고 말한다.

　나무와 산행을 생각해 본다. 나무는 스스로 엔트로피를 낮추는 존재라고 할 수 있다. 태양에너지를 흡수해야 하기 때문에 우주 전체로는 태양에너지의 방출로 인해 엔트로피가 높아지는 것이지만, 나무 자체만 놓고 보면 흩어져 있는 여러 쓸모없는 것들을 모아 쓸모 있는 것을 만들어 내기 때문에 스스로 엔트로피를 낮춘다고 할 수 있다. 산을 오르기 전에 우리의 머리는 무겁고 복잡하다. 그러나 산을 오르는 과정에서 적절한 육체적 고통이 수반되면 다양한 잡념은 떨어져 나간다. 정상이 다가올수록 점점 무아의 경지에 이르게 된다. 나무와 함께 하는 산행은 몰입의 즐거움을 느낄 수 있고 마음의 엔트로피를 낮출 수 있기 때문에 뒤끝이 그렇게 상쾌한 것이다.

사람은 누구나 자신을 분열시키고 괴롭히는 악마를 지니고 살며 스스로 엔트로피를 높이는 삶을 살고 있다. 주기적으로 힘겨운 일상에서 벗어나 어디엔가 몰입함으로써 스트레스를 해소하고 마음의 상처를 치유해야 한다. 지치면 몰두할 수 없고, 몰두할 수 없을 때 온갖 상념과 잡념이 사람을 분열시키고 괴롭히게 된다. 부모와 자녀 모두의 삶이 너무 각박하고 여유가 없다. 적절한 운동, 독서와 음악 등을 통해 흠뻑 젖어들고 빠져드는 몰입의 시간을 가져야 몸과 마음이 건강한 상태를 유지할 수 있다

오만과 편견

잘 아는 지인의 아들이 상담하러왔다. 시간이 갈수록 의욕이 떨어지고 까닭도 없이 불안하여 모든 것을 포기 하고 싶다고 했다. 태도와 말투는 겸손했지만 젊은이다운 패기나 자신감이 전혀 없었다. 최상위권 성적을 유지하고 있지만 어릴 때부터 시험을 잘 쳤을 때는 어쩌다가 잘 친 것이고, 못 쳤을 때는 그게 진정한 자기 모습이라는 말을 수도 없이 듣다보니 자신의 진짜 실력이 어느 쪽인지 모르겠다고 했다. 사려 깊지 못한 잔소리와 기를 꺾는 악담을 속 깊은 지도로 착각한 부모가 아이를 이 지경에 이르게 한 것이다.

제인 오스틴의 《오만과 편견》에 나오는 남녀 주인공은 소설과 영화에서 매우 매력적이다. 인습에 얽매이지 않고 재기 발랄하며 자존심이 강한 엘리자베스와 런던 재산가의 아들로 훤칠한 용모의 귀족적인 다아시는 제목이 의미하듯이 '외양과 실제'를 제대로 알지 못했기 때문에 상대에 대한 오만과 편견의 줄다리기를 절정에 이를 때까지 계속한다. 그러나 결국에 가서는 상호 이해와 신뢰, 사랑을 통하여 자신의 오만함과 상대에 대한 잘못된 편견을 버리고 새로운 자아발견과 함께 결혼을 하게 된다.

진부한 해설을 더 보태려고 이 작품을 언급한 것이 아니다. 학생과 상담을 하다가 두 주인공이 매력적이라고 느꼈던 몇 가지가 갑자기 떠올랐기 때문이다. 두 젊은이는 다른 등장인물들보다 순수하고 정직하며, 당당하고 자신만만하기 때문에 매력적이다. 자신감과 확신이 없는 사람은 오만할 수도 없고 비록 궤변이라 할지라도 설득력 있는 편견을 가지기도 어렵다.

우리는 아이가 좀 자신만만하고 튄다 싶으면 무조건 기를 죽여 놓고 보는 경향이 있다. 초등학교 때부터 항상 들어온 '벼는 익을 수록 고개를 숙인다' 라는 말을 꼼꼼하게 분석해 보자. 가을날 속이 꽉 찬 벼라야 고개를 숙인다. 오뉴월의 어린 벼는 고개를 숙일 수 없다. 아니 숙여서는 안 된다. 오뉴월에 고개 숙인 벼는 가을이 와도 쭉정이밖에 안 된다. 젊은 날은 빳빳하게 머리를 쳐들고 있는 벼처럼 누가 누르면 고개를 숙이기 보다는 차라리 부러져버리겠다는 꼿꼿한 자만심과 자존심을 가지는 것이 자기발전에 더 도움이 될 수 있다. 젊은 날의 지적 오만과 무엇에 관한 편견은 강한 자부심과 자신감의 표현인 경우가 많다. 자기불신이 가득한 신중함과 비굴한 겸손보다는 유아독존식의 오만이 차라리 생산적일 수 있지 않겠는가.

창조적 아웃사이더

초등학교 시절, 여름방학 때마다 동네 악동들 몇이서 뒷산 잡목 숲 속에 비밀 본부를 만들곤 했다. 적절한 장소를 물색한 후 톱과 낫으로 나무의 밑둥치를 잘라내고 풀을 베어 냈다. 나뭇가지와 풀을 엮어 지붕을 만들고 몇이서 앉을 수 있게 땅을 고른 다음 바닥에는 가마니를 깔았다. 엉성한 천장 틈새로 보이는 하늘은 더없이 푸르고 눈부셨으며, 산 아래 마을은 전혀 다른 모습으로 느껴졌다. 비좁은 공간이지만 그 곳엔 부모님의 잔소리나 성가신 심부름도 없고 숙제도 없었다. 거기에 앉으면 온갖 즐겁고 기발한 생각들만 떠올랐다. 배가 고프면 참외나 수박을 서리해서 먹기도 했다. 그 곳은 일탈이 주는 짜릿한 즐거움과 아웃사이더의 관조적 여유를 동시에 맛볼 수 있는 유토피아였다.

아웃사이더는 내부자를 의미하는 인사이더와 구별되는 인간형으로, 국외자 또는 이단자를 뜻한다. 타의에 의해 어떤 집단에 동화되지 못하거나 배척되는 경우는 소극적, 수동적 아웃사이더이고, 소속 집단의 규칙이나 질서에서 스스로 벗어난 경우는 적극적, 능동적 아웃사이더이다. 악동들이 비밀 본부를 만든 것은 적극적 아웃사이더가 되기 위함이었다.

모든 위대한 시인이나 사상가들은 이 아웃사이더들의 감정을 문학과 철학적 사색의 출발점으로 삼았다. 아웃사이더들은 체제 안의 순응자인 인사이더들이 보지 못하거나 애써 무시하려 하는 지배 질서의 허구성을 폭로하고 조롱했다. 능동적, 창조적 아웃사이더들은 인간성의 폭과 깊이를 넓혔고 인간이 지향해야 할 가치와 이상향을 창조했다.

가정이란 과보호의 울타리, 한 치 틈도 없이 꽉 짜인 프로그램, 편향된 특정 이데올로기 안에 아이들을 가두어 두려고 해서는 안 된다. 어린 시절에 객기와 일탈의 본능을 억압당하면 어른이 되었을 때 파괴적 아웃사이더로 변하기가 쉽다. 한 번 고삐가 풀리면 극단까지 가는 경향이 있다. 우리 사회에 범람하는 맹목적인 증오심과 섬뜩한 눈빛의 아웃사이더들을 보라. 안과 밖을 자유롭게 넘나들 수 있는 유연한 사람, 창조적 아웃사이더만이 자신과 주변을 객관화할 수 있다. 젊은 날의 폭 넓은 독서와 여행을 통한 생산적 일탈의 경험이 그래서 중요한 것이다.

기초학력과 사회생활

　　많은 학부모들이 소위 명문대학들은 왜 정부 방침조차 어기면서까지 우수학생 선발을 위해 사생결단의 노력을 기울이는지 이해할 수 없다고 말한다. 학생들은 고등학교 공부가 그렇게 중요한가라는 질문을 자주한다. 결론부터 말하면 대학교육의 성패는 일차적으로 우수학생의 확보 유무에 달려 있고, 명문대 진학과 상관없이 고교시절까지의 국영수를 비롯한 주요 과목의 학력은 학생의 장래를 좌우할 수 있는 결정적인 요소가 될 수 있다는 것이다.

　　뉴욕 타임즈의 칼럼니스트이자 프린스턴 대학의 교수인 앨런 크루거가 한국 사회에도 그대로 적용될 수 있는 아주 주목할 만한 보고서를 낸 적이 있다. 그는 1976년에 미국 30개 대학에 입학한 1만 4천명 학생들이 20년 후인 1995년에 얼마의 연봉을 받는지를 조사했다. 조사 결과는 명문대 출신이 비명문대 출신보다 평균 연봉이 2만 달러 정도 더 높은 것으로 밝혀졌다. 그런데 조사대상자들을 입학 당시의 SAT(대학입학적성시험) 점수로 다시 분류해 보니 흥미로운 결과가 나왔다. 1976년 입학 당시 SAT 1천200점을 맞고 그 점수에 맞는 수준의 대학에 간 학생의 평균 연봉은 9만 3천 달러였다. 그런데 같은 점수를 가지고 그보다 200점 정도 낮은 대학에 간 학생의 평균 연봉도 9만3천 달러임이 밝혀졌다. SAT가 같은 점수대에 있어서는 진학한 대학에 관계없이 20년 후의 소득도 비슷하다는 결론이다. 이 조사 결과는 고교졸업 때의 기본 학력이 평생을 좌우할 만큼 중요하다는 점을 보여준다.

흔히 입시위주의 교육이 인성발달에 악영향을 미친다고 주장한다. 물론 그럴 수 있다. 그러나 학창시절 공부만큼 인격수양에 도움이 될 수 있는 것은 별로 없다. 다만 한 번 명문대 진학에 실패하면 평생 불이익을 감수하며 살아야 하는, 다시 말해 패자부활전이 없는 한국적 모순이 문제될 따름이다. 고교 졸업 당시 기본 자질과 학력이 비슷하면 출신 대학에 상관없이 나중에 같은 능력을 발휘할 수 있다는 크루거의 보고서는 우리에게 많은 것을 시사해 준다. 중고교 시절의 기초학력이 그 이후 모든 활동의 토대가 된다는 사실만은 분명하다.

인문학의 위기와 예체능교육

　　인문학의 위기와 예체능 과목 경시는 서로 닮은 점이 많다. 대학들이 주요 과목만을 비중 있게 반영하면서 예체능 과목에 대한 학생들의 태도가 과거와는 엄청나게 달라지고 있다. 중간, 기말시험이 다가오면 예체능 과목을 꼭 잘 쳐야 하는가, 포기해도 상관없지 않느냐는 질문이 빗발친다. 대학으로 가는 과정에서 그 비중이 낮거나 미미하다면 안 하겠다는 뜻이다. 이런 발상과 태도는 인문학의 위기와 너무 닮았다

　　인문학 위기는 어제 오늘의 문제가 아니며, 우리만의 문제도 아니다. 근대로 들어선 이후 실용성을 최대의 가치로 삼으면서 인문학은 본격적으로 도외시되기 시작했다. 학문이 지나치게 순수 이론이나 관념에 치우칠 때 당장의 생산성을 중시하는 과학기술 시대의 요구를 제대로 충족시켜 주기가 어렵다는 것은 사실이다. 이런 분위기가 지배적인 환경에서는 학문이나 지식은 주어진

과제를 처리해 나가는 일종의 기술로 전락할 수밖에 없다. 짧은 시간 안에 효율적으로 일을 처리하고 목표를 달성하는데 직접적인 기여를 하지 못하는 학문은 뒷전으로 밀릴 수밖에 없는 것이다. 그러나 모든 것을 실용성에 초점을 맞추면 주어진 문제나 목표가 과연 옳은가하는 가치판단의 문제는 소홀하게 취급되거나 간과되기가 쉽다. 문제는 학문의 지나친 실용화와 기능화가 가져오는 부정적인 측면은 오랜 세월이 지난 후에 그 재앙적인 결과가 나타난다는 것이다. 예체능 과목의 경시도 마찬가지이다.

풍부한 상상력과 창의력은 지식기반 사회에서 사활의 관건이 된다. 예술적 감각이 결여된 인간에게서 창의력을 기대할 수 없다. 학창시절 인문적 교양을 쌓고, 예체능 교육을 통해 풍부한 감성과 건강하고 건전한 몸과 마음을 만든 사람만이 나중에 힘을 발휘할 수 있다. 오늘 우리 교육 현장에는 가슴 뭉클한 감동이나 창의력 배양 따위는 없고 암기와 모방과 등급만 있다. 이런 과정을 거쳐 대학에 입학한 우리 학생들은 객관식 문제의 답을 골라내는 기능공적 실력은 초일류 수준이지만, 대학 문을 나설 때의 전문가적 실력은 형편없다.

학생들은 시험에 관계없이 예체능 시간에는 그 과목을 즐길 수 있어야하며 젊은 날 예체능에 대한 기본적인 소양과 감상능력을 길러 놓지 않으면, 훗날 성인이 되어 꿈꾸던 바를 성취해도 삶은 공허하고 허망할 것이다.

백범 선생과 외모

　　초등학교 여학생들 사이에서 외모지상주의를 부추기고 조장하는 책들이 베스트 셀러로 꼽히고 있다는 보도가 있었다. 〈남친을 사로잡는 뷰티파일〉〈몸매짱이 될테야〉 등은 실제로 서점에서 쉽게 찾아 볼 수있는 책제목이다. '예뻐지는 목욕법' '경락 마사지' '얼굴 작아 보이는 법' 등의 목차를 들여다보면 초등학생용이라고 믿기지 않는다. 일부 공공도서관은 이런 책들을 여름 방학 어린이 필독서로 추천하고 있다니 할 말이 없다.

　　지금의 어른들은 외모에 신경 쓰는 학생은 공부를 못한다는 이야기를 귀에 못이 박히게 들으며 성장했다. 이 또한 바람직하지 않다. 외모를 적절히 가꾸고 관리하는 것은 예나 지금이나 개인의 경쟁력에 포함되기 때문에 어린 시절부터 적절한 지도가 필요하다. 그러나 오늘의 우리 사회처럼 오로지 외모만을 중시하는 풍조가 만연할 때 문제는 심각해진다.

자라는 아이들과 청소년들에게 있어서 아름다움의 기준은 무엇이어야 하는가? 미에 대한 기준은 주관적이고 사람마다 다르겠지만, 필자는 '살아있는 생명체가 목표를 달성하기 위해 최선을 다하는 순간'이 가장 아름답다고 생각한다.

운동선수가 최고의 기량으로 극적인 장면을 연출할 때 우리가 열광하며 감동을 받게 되는 것도 이와 같다. 건강한 몸은 다른 장식과 치장이 없어도 그 자체로 아름답다. 꿈의 실현을 위해 열심히 공부하는 학생의 모습 역시 아름답다. 온몸으로 발산되는 내면의 결의나 정신의 깊이도 감동을 주는 아름다움이다.

오늘의 젊은이들과 백범 김구 선생을 다시 한 번 생각해 본다. 백범 선생의 정치의식은 자신이 상민이라는 신분을 뼈저리게 느낀 것에서 비롯되었다고 볼 수 있다. 그의 호 백범(白凡)은 백정이나 범인과 같은 미천한 사람이란 뜻이다. 백범이 젊은 시절 과거에 실패하고 절망에 빠진 상태에서 《마의상서(麻衣相書)》란 책을 읽을 때, 자신의 관상에는 낙심했으나 그 책에 나오는 '상호불여신호, 신호불여심호'(相好不如身好, 身好不如心好 : 얼굴이 잘 생긴 것은 몸이 잘 생긴 것보다 못하고, 몸이 잘 생겨도 심성이 좋은 것보다는 못하다)라는 구절을 읽고 마음을 갈고 닦아 좋은 사람이 되기로 굳게 결심했다. 외양을 지나치게 중시하는 요즘 젊은이들이 《백범일지》에 나오는 이 대목을 한 번쯤 깊이 음미해 볼 필요가 있다.

잠과의 전쟁

수험생과 학부모를 상대로 "최고의 학습 장애 요인이 무엇이라고 생각하는가?"라는 설문조사를 한 적이 있다. '잠'이라는 대답이 압도적으로 많았다. 그러나 "잠을 줄여야 경쟁에서 이길 수 있다."라는 잘못된 믿음이 최대의 학습 장애 요인임을 아는 사람은 별로 많지 않다. '4당5락'이란 말은 사실이 아니다. '6당5락'이 더 맞다. 4시간 자면 반드시 떨어지고 5시간 자도 위험하다. 적어도 6시간 이상 자지 않으면 시험에 실패할 확률이 매우 높다.

고교생 대부분이 자정 이후에 잠자리에 든다. 상당수의 학생들은 새벽 한 두 시를 넘긴다. 문제는 하루 일과가 오전 8시 경부터 시작되기 때문에 취침 시간과는 상관없이 아침 6시 전후에는 일어나야 한다는 것이다. 하루 이틀도 아니고 일 년 내내 네다섯 시간만 자고 정상적인 생활을 하기란 거의 불가능하다. 늦게 자면서도 일찍 일어나야 하는 대부분 학생들은 오후가 되어야 정신이 맑아지고 정상적인 사고를 할 수 있다.

어떤 학생이 언어와 수리 영역에서 평소 혼자서는 다 풀 수 있는 문제를 실제 시험에서는 자주 틀린다며 상담하러 왔다. 원인은 '야행성 생활'이었다. 컨디션이 좋은 밤에는 다 풀 수 있는데 정신이 혼미한 오전에는 정상적인 힘을 발휘할 수가 없는 것이 문제였다. 학생 개개인의 컨디션과 상관없이 수능시험은 8시 40분에 1교시가 시작된다. 이 학생의 경우 오전 시간대에는 문장을 읽어도 요지를 파악하기가 어렵다. 10시 30분에 시작되는 수학 시간에도 고도의 사고력과 집중력을 발휘할 수 없어 아는 문제도 틀리는 것이다.

미국의 브라운 대학의 크롤리 교수는 최상의 컨디션을 유지하기 위해서는 하루 9시간 이상 자야한다고 말한다. 푹 자야 수업시간에 긴장감을 유지하며 집중할 수 있다. 일찍 자고 일찍 일어나 오전에 맑은 정신이 유지되게 하는 훈련을 해야 한다. 수험생활의 적은 잠이 아니다. 잠에 대한 잘못된 믿음과 이를 강요하는 사람들이 삶과 교육의 질을 떨어뜨리고 있는 것이다. 자녀 교육으로 인한 온 가족의 야행성 생활은 학교와 직장에서 학습과 일의 생산성을 떨어뜨리고 있다. '제 시간에 잠자기' 범국민운동을 생각해 볼 때다.

상상력과 국가경쟁력

아난트 인도공과대학 총장은 "상상력에 더 많은 투자를 해야 아시아 인재들이 글로벌 경쟁력을 갖는다. 서양의 과학은 데이터를 모으고 이를 정리해서 모델을 만들어 실험하고 검증하는 방식이었다. 하지만 이런 서양의 방식은 너무 오래 세계를 지배했다. 아시아는 서양에 부족한 직관(intuition)이란 게 있다. 현대적 용어로 말하면 상상력이다. 그런데 아시아에서는 아이들에게 상상력을 자제시키면서 충분한 투자를 하지 않았다. 여기에 보다 많은 투자가 필요하다."라고 말하며 상상력을 강조했다.

정보화 사회 다음에 오는 드림 소사이어티(Dream Society)에서는 감성과 꿈, 이미지(image)와 이야기(story)가 중심이 되는 새로운 경제·사회 패러다임이 형성된다. 이미지의 생산·결합·유통이 경제의 뼈대를 구성하며, 거기에 감성적 스토리가 덧붙여질 때 새로운 부가 가치가 창출된다는 것이다. 드림 소사이어티는 꿈과 이미지에 의해 움직이며, 경제의 주력 엔진이 정보에서 이미지로 넘어가고, 상상력과 창조성, 스토리 텔링(story telling)이 국가의 핵심 경쟁력이 된다는 것이다. 이미지를 포장하여 수출하는 한류(韓流)는 한국이 드림 소사이어티 1호 국가임을 보여준다고도 했다.

안대회 교수의 저서 《선비답게 산다는 것》에 나오는 한 대목을 읽어 보자. 조선시대에는 어린이가 쓴 한시를 동몽시(童蒙詩)라고 불렀다. 광해군이 신임하던 무인(武人) 박엽이 어렸을 때 할아버지가 어느날 등불을 켜라고 하고는 손자에게 시를 한 번 지어 보라고 했다. 박엽이 즉석에서 시를 지었는데 한 구절만 남아전해진다. '등불이 방안으로 들어오자 밤은 밖으로 나가네(燈入房中夜出外)' 안 교수는 소년의 깨끗한 영혼이 빚어낸 자연스러우면서도 재치 있는 표현에 감탄하며 어린이에게는 죽은 것도 살아 움직이게 하는 능력이 있다고 했다.

직관력과 상상력의 뿌리는 어린 시절에 완성된다. 어린 시절 약한 뿌리는 나중에 꽃을 피우고 열매를 맺을 수 없다. 동심과 시심(詩心)은 창조적 뿌리를 튼튼하게 살찌우는 최고의 자양분이다. 대자연 속에서 마음껏 뛰놀며 많이 느끼고 다양하게 체험할 때 동심과 시심은 활력을 유지한다.
쉴 새 없이 학원으로 내몰리는 어린 영혼들이 너무 안쓰럽다.

진정성의 위기와 독서

전쟁이 일어나면 조국을 위해 싸우겠다는 십대들이 일본과 중국에 비해 압도적으로 적다는 설문조사가 나왔다. 가짜 명품 시계 사건도 있었다. 20대의 허영과 사치, 도를 넘은 명품 소비 추세에 관한 보고서도 나왔다. 이 모든 문제들은 서로 이질적인 것 같지만 뿌리는 같다고 할 수 있다.

내면의 아름다움보다는 겉치레, 실력보다는 간판, 남과의 비교를 통한 상대적인 우월감과 행복감의 확인, 고통이 수반되는 명분이나 가치보다는 일시적인 쾌락과 안락의 추구, 남이야 어떻게 되든 내 가족만 무사하고 잘 살면 그만이라는 극단적인 가족이기주의 등이 그 모든 것들을 자라나게 하는 공통의 토양으로 자리 잡고 있는 것이다.

사회 곳곳에서 일상적으로 목격되는 진실성과 치열함의 결여는 당면한 안보나 경제 관련 현안보다 국가 장래를 위해 훨씬 더 중대한 문제라고 할 수 있다.

인간 고뇌의 극한을 묘사하며 비극적 아름다움을 완성시킨 소포클레스의 대표작 《오이디푸스 왕》이 희랍 비극 중에서도 가장 대표적인 고전으로 간주되는 이유는 치밀한 구성과 원숙한 기법 때문이 아니다. 상상하기조차 두려운 처참한 파멸 속에서도 인간의 존엄성을 지키려는 오이디푸스의 확고한 의지 때문이다. 그는 파멸이 분명하게 예견되는 절망적인 상황 속에서도 적당한 타협을 거부하고 모든 것을 밝힘으로써 진정한 의미의 비극적 주인공이 되었다. 이와 같은 인물의 창조가 이 작품을 불후의 고전으로 만든 것이다.

얄궂은 비극적 운명에 결연히 맞서는 오이디푸스의 고귀한 용기와 치열함을 읽으며 우리 사회 전반에 깔려있는 진정성의 위기와 적당주의에 대해 생각해 본다. 우리는 어떤 것을 진지하게 끝까지 추구하지 않는다. 조금 진행하다 여의치 않으면 아무 생각 없이 포기해 버린다. 그러면서도 전혀 양심의 가책을 받지 않는다. 좋은 게 좋다는 식으로 현실과 적당히 타협하는 것이 현명한 처세술로 간주되기도 한다.

더 이상 방치할 수 없는 총체적인 진실성의 위기에 대한 장기적인 대책은 '읽고, 생각하며, 기록하기의 생활화' 운동을 지속적으로 전개하는 것이다. 독서와 사색보다 사람을 더 진실하게 만들 수 있는 방법은 별로 없기 때문이다.

단조로움과 뇌기능

《당신의 뇌 얼어붙고 있다》를 쓴 일본의 뇌신경전문의 츠키야마 다카시는 친한 친구의 이름이나 조금 전의 일도 기억나지 않거나, 아이디어가 잘 떠오르지 않는 등 갑자기 뇌가 얼어붙는 것과 같은 증상을 '브레인 프리즈(brain freeze)'라고 설명한다. 이 증상은 남녀노소 누구나 경험한다. 그는 뇌기능 저하는 나이에 비례하지 않는다고 말한다.

츠키야마 다카시는 한 분야에만 계속 집중하는 사람이나 인터넷 의존도가 높은 젊은이에게 이런 증상이 나타날 확률이 높다고 설명한다. 하루 종일 학교에서 수업하고, 마치자마자 잠시의 휴식도 없이 밤늦도록 학원에서 공부하고, 심지어 주말에도 학원에 가거나 과외를 받는 학생 역시 위험할 수 있다. 자발성이 결여된 일방적인 주입식 수업의 연속도 뇌 기능을 저하 시킬 수 있다. 아무리 학원에 다녀도 성적이 오르지 않는 학생은 단조로운 생활의 반복 때문에 뇌가 지쳐 있지 않는가를 점검해 볼 필요가 있다.

　뇌기능은 감탄과 감동과 성취감을 통해 향상된다. 최고의 감탄은 자연의 신비와 경이를 통해 경험하게 된다. 가장 가치 있고 오래 가는 감동은 좋은 음악과 훌륭한 작품을 통해 경험할 수 있다. 뇌가 느끼는 최고의 쾌락은 성취감이다. 한 치의 여유도 없는 각박한 삶에서는 이런 것들을 경험할 수가 없다. 도시 학생들의 상당수는 방과 후 시간을 학원 아니면 컴퓨터 앞에 앉아서 보낸다. 여가 시간에 온통 컴퓨터 앞에 앉아 있는 학생은 그렇지 않은 학생보다 브레인 프리즈 증상을 겪을 가능성이 훨씬 더 높다. 컴퓨터 게임을 할 때 나오는 뇌파는 중증 치매환자의 뇌파와 비슷하다는 보고서도 있다.

　브레인 프리즈 증상을 막을 수 있는 최고의 방법은 다양한 것에 관심을 가지고 다양한 것으로부터 자극을 받는 것이다. 뇌기능을 향상시킬 수 있는 최고의 방법은 지속적인 운동이라는 연구 결과도 기억할 필요가 있다. 토요일 오전까지 열심히 공부하고, 주말 한나절 정도는 산과 들과 운동장으로 나가보아야 한다. 잠시나마 일상을 떠나 마음대로 생각하고 행동하며 완전한 자유와 해방감을 만끽해야 한다. 방랑의 즐거움, 해질녘 붉게 타는 노을을 바라보며 느끼는 외로움, 고독, 땀을 쏟은 후에 맛보는 몸의 상쾌함, 이런 것들을 통해 인간은 깊어지고 강해진다.

신학기와 꿈

영어단어 3월(March)은 로마의 군신(軍神) 마르스(Mars)에서 유래되었다. 그렇다. 3월은 만물이 생존과 번식, 가을의 알찬 결실을 위해 서로에게 선전포고를 하며 치열하게 전투를 시작하는 달이다.

3월 첫 째 주의 교실에도 팽팽한 긴장감이 감돈다. 새로 만난 급우들과 사귀면서 동시에 그들과 선의의 경쟁을 하며 선두다툼을 시작해야 하기 때문이다. 그래서 신학기에 학생들이 느끼는 긴장감은 전투를 시작하는 병사들의 그것과 같은 것이다. 그러나 교실에도 대자연의 전투 수칙이 그대로 적용된다는 사실을 기억하자. 상호조화와 우정, 상생의 법칙을 망각하고 오로지 무한 경쟁에만 매달리는 학생은 생활의 즐거움과 여유를 상실하게 되고, 결국은 극도의 긴장과 불안감이 만들어내는 피로와 의욕상실 때문에 스스로 파괴된다. 대자연은 만물로 하여금 반드시 필요한 시간이 경과되어야 꽃이 피게 하고 열매를 맺게 하고 새끼를 낳게 한다. 공부도 마찬가지이다. 개념과 원리를 이해하는데 필요한 시간을 제대로 투자해야 할 뿐만 아니라, 그 과정이 알차고 충실해야 좋은 결과가 나온다. 요점과 급소를 찾아다니며, 요령과 편법을 좇는 학생은 결코 우수한 성적을 얻을 수 없다.

차동엽 신부의 《행복코드》에 나오는 다음 이야기는 신학기를 시작하는 학생들이 꼭 한 번 음미해 볼 필요가 있다. 미지의 세계로 탐험 항해를 하던 도중에 물과 식량이 동이 나는 상황에서 선원들로부터 귀항 압력을 받았을 때 콜럼버스는 태연하게 성경을 읽으며 '나는 나침반이나 선박의 가능성을 믿고 항해를 시작한 것이 아니다. 나를 움직이는 힘은 꿈과 소망이다.' 라고 했다. 이어서 그는 '꿈은 그것을 품고 최선을 다하는 사람에게 온갖 난관에도 불구하고 현실이 되어 준다.' 라고 했다

반드시 봄이 오리라는 사실을 추호도 의심하지 않으며 긴긴 겨울을 인내한 뿌리만이 찬란한 봄날을 장식하는 아름다운 꽃을 피울 수 있다. 올 한 해 동안 가슴 뿌듯한 성취의 순간도 많겠지만, 힘들고 어려운 때도 많을 것이다. 순간순간의 승패에 일희일비하지 말고 멀리 바라보며 여유 있게 걸어가자. 전투를 시작하기 전에 개인 화기를 닦고 기름 치는 병사처럼 신학기를 맞이하여 자신의 꿈을 먼저 점검해 보자. 꿈이야 말로 절망과 좌절의 순간에 나를 이끌어 줄 희망의 등대이며, 어떤 전투에서도 최종적인 승리를 보장해 줄 가장 확실한 무기이기 때문이다.

경쟁력을 기르려면

고2 학생이 어머니와 함께 진로 상담을 받으러 왔다. 장래 희망이 의사라고 했다. 현재로서는 최상위권을 유지하고 있지만 그래도 안심할 수 없어 찾아 왔다고 했다. 학교생활과 공부가 즐거운지 등을 물었다. 그런대로 견딜만하다고 했다. 또 질문이 없느냐고 묻자, 자기는 다른 사람과 대화하며 어울리는 것보다는 혼자 있는 것을 좋아하기 때문에 의사가 적성에 맞는지 모르겠다고 했다. 미래에 성공하려면 어떤 자질을 가져야 하는지를 알고 싶다고 했다. 간혹 가슴이 터질 정도로 답답한 때가 있어 힘이 든다고도 했다.

좋은 의사, 병원 경영에 성공하는 의사가 되려면 사람들을 깊이 이해하고 그들과 항상 즐거운 마음으로 대화하는 것을 스스로 즐길 줄 알아야 한다. 의사도 서비스업 종사자이기 때문에 어릴 때부터 서비스 정신을 기르지 않으면 실력이 뛰어난 의사라

할지라도 현실적으로 성공하기는 어려울 것이다. 앞으로는 절대 다수의 사람들이 예방과 상담을 위해 병원을 찾을 것이다. 치료보다는 의사와 대화하고 상담하며 위로받길 원하는 환자들이 늘어날 것이다. 전문적인 지식과 실력은 기본이고 사람을 설득하고 감화시킬 수 있는 섬세한 감성이 최종적인 성패를 좌우하게 될 것이다.

미래의 고객들은 상품뿐만 아니라 사람에게도 감동을 받아야 가까이 다가간다. 사람을 가까이 다가오게 하려면 권위적인 태도를 버리고 친절하고 겸손해야 한다. 가식이 사라지고 알맹이만 남는 시대가 이미 도래 하고 있다. 다양한 사람들로부터 호감을 받기 위해서는 다양한 체험을 하여야 한다.

이 학생은 공부는 잘 하고 있으니 더 강조할 필요가 없었다. F.베이컨의 "독서는 완성된 사람을 만들고, 담론은 기지 있는 사람을 만들고, 작문은 정확한 사람을 만든다."라는 말과 함께 몇 권의 책을 추천해 주었다. 가슴 속의 답답함은 여행으로 치유될 것 같았다. 여행의 진정한 기쁨은 새롭게 접하는 경치가 아니라 여행 그 자체가 주는 즐거운 기분이다. 출발할 때의 가슴 설레는 기대와 밤의 휴식이 주는 평화와 내적 충만함은 생활에 새로운 활력을 불어 넣어 준다. 긴 대화를 요약하며 운동과 독서, 비록 짧지만 여행을 해 보라는 충고를 했다. 학생의 눈은 반짝거렸지만 어머니는 다소 못 마땅한 표정이었다.

청소년기와 여가 선용

　'필연은 문명의 어머니이고, 여가는 문명의 유모'라고 토인비는 말했다. 서구식 의미의 '여가(leisure)'는 희랍어 스꼴레(Schole)와 라틴어 리께레(Licere) 등이 그 어원이다. 스꼴레는 '여가, 학술토론이 열리는 장'이란 뜻이며, 후에 영어의 학교(school), 학자(scholar)로 바뀌었다. 리께레는 '허락되다, 자유스러워지다'란 뜻으로 현대적 여가의 어원이다. 스꼴레는 강제력 없이 자기 교양을 높이려는 진지하고 적극적인 지적·문화적 창조 활동을 의미한다. 두 어원이 말해주듯이 여가란 단순히 남는 시간, 혹은 쉬는 시간의 개념이 아니라 문화, 학습, 자유, 예술 등을 포괄하는 매우 폭넓은 의미를 가진 용어라고 할 수 있다.

　"스파르타인들은 전쟁을 하는 동안에는 안정을 유지했지만 제국을 얻자마자 붕괴되고 말았다. 그들은 평화가 가져다주는 여가를 사용하는 방법을 몰랐다. 그들은 전쟁훈련 이외는 다른 것과 더 좋은 것들에 대해서는 어떤 훈련도 받지 못했다. 전쟁을 목적으로 삼는 국가의 대부분은 전쟁을 하고 있는 동안에만 안전하다. 그들이 제국을 세우자마자 붕괴되고 평화 시에는 사용하지 않는 칼처럼 그들의 예리한 기질을 상실한다. 입법가는 여가를 적절하게 사용하도록 훈련시키지 않은 데 대해 비난받아야 한다."

신득렬 교수의 저서 《행복의 철학》에 나오는 아리스토텔레스가 스파르타의 정치체제와 교육제도에 대해 언급한 대목이다.

스파르타는 비옥한 농토 때문에 다른 도시국가들보다 부유했다. 그러나 여가 선용을 가르치지 않았기 때문에 망했다. 대부분의 가정은 예전과 비교가 안 될 정도로 풍족해졌다. 그러나 아이들은 체계적인 여가 교육을 받지 못하고, 예술을 향유할 수 있는 소양과 인문적 교양이 결여된 상태로 대학에 입학한 후, 별 죄의식 없이 방종과 퇴폐에 빠져든다. 아리스토텔레스는 자유시간과 여가를 사용하는 방법에 의해 공동체의 질이 결정된다고 생각했다. 그는 '여가는 교양의 기초'라고 했다.

청소년기에 여가 선용 방법을 배우지 않으면 어른이 되고나서 그 혹독한 대가를 치러야 할 가능성이 높다.

자연과 정서

　아프리카에서 기아와 내전을 전문적으로 취재하던 남아프리카 공화국 출신의 케빈 카터 기자가 1994년 수단 남부의 어느 식량센터 근처에서 아사 직전의 소녀를 발견했다. 걸을 힘이 없어 무릎을 꿇고 엎드려 있는 소녀 곁에는 살찐 독수리 한 마리가 소녀가 죽기를 기다리고 있었다. 그는 셔트를 눌렀다. '수단의 굶주린 소녀'란 제목으로 사진이 발표되자 전 세계적으로 커다란 반향을 불러 일으켰다. 이 사진으로 그는 퓰리쳐 상을 받았다. 그러나 일부 사람들은 기자가 그 광경을 보는 순간 셔트를 누르기보다는 먼저 독수리를 쫓아내고 소녀를 구해야 했다고 거세게 비난했다. 사진을 찍은 후 독수리를 쫓았다고 항변했지만 비난이 그치지 않자 그 기자는 33살의 젊은 나이로 자살했다.

　지금 이 순간에도 그런 끔찍한 광경을 담은 사진은 많다. 그러나 사람들은 비슷한 장면들을 계속해서 보아왔기 때문에 감각이 둔해지고 무덤덤해 져서 그 때만큼 충격을 받지 않는다. 비슷한 장면을 계속 봄으로써 신선함과 충격이 사라지게 되는 현상을 '이미지 중독'이라고 부른다. 폭력과 살인 등을 다룬 영화나 드라마를 계속 보게 되면 실제로 일어난 폭력과 살인 사건도 별 충격 없이 받아들이게 된다.

컴퓨터 게임만 문제가 되는 것이 아니다. 도시 학생들의 정서 불안과 폭력성은 학교 건물과도 관련이 있다는 연구 논문이 나온 적이 있다. 예전의 교사(校舍)는 주로 목조 단층이었다. 이런 건물에서는 바람소리, 벌레소리, 비오는 소리가 그대로 교실에 들어올 수 있어서 학생들의 정서 순화에 도움이 되었다. 오늘의 대도시 콘크리트 건물은 자연의 소리를 차단하여 풍경을 삭막하게 만들고 학생들의 성격을 거칠게 만들고 있다는 것이다. 콘크리트 건물을 피할 수는 없겠지만 거기에 머무르는 시간이 너무 많은 것이 문제이다. 야간 자율 학습 등으로 콘크리트 건물에 밤낮없이 갇혀 있어야 하는 우리 청소년들의 처지가 딱하기 그지없다.

다람쥐 쳇바퀴 돌리듯이 집과 학교와 학원만을 오가도록 강요당하는 아이들이 정신적으로 건강하게 성장할 수 있을지 의심스럽다. 이제 부모가 적극적으로 나서야 한다. 주말만이라도 컴퓨터와 학원에서 해방시켜 자연 속에서 정서를 순화시키는 시간을 갖게 해야 한다.

표현력과 일기

　과거에는 말수가 적고 자신을 적극적으로 드러내지 않는 것
이 미덕으로 간주되었다. 절대빈곤에서 벗어나기 위해 모두가 몸
부림치던 시절 중·고교 모범생들 중 상당수는 표현력은 형편없
어도 국영수 지필고사에서는 아주 높은 점수를 받았다. 이들 대
부분은 명문대에 입학했고 재학 중에는 학점관리를 잘했다. 졸업
후에는 대개 고급관료가 되거나 대기업에 취업을 했다. 직장에서
는 조직의 방침에 말없이 순종했다. 그렇게 해야 때가 되면 승진
을 할 수 있었고 정년퇴직 때까지 고용이 보장되었다. 그 시절에
는 자신의 견해를 노골적으로 드러내지 않는 것이 중요한 생존
전략으로 여겨졌다.

　오늘날은 자신을 적극적으로 표현할 줄 알아야 한다. 이제
자신의 생각이나 견해를 말이나 글로 효과적으로 표현할 수 없다
면 경쟁에서 살아남기가 힘들게 되었다. 어떻게 하면 표현력을

기를 수 있을까? 우선은 많이 읽어 바탕 지식을 쌓아야 한다. 그런 다음 기록하는 훈련을 해야 한다. 다양한 글쓰기 훈련 중에 일기는 표현력과 사고력을 배양할 수 있는 가장 좋은 방법이다. 장리욱은 〈日記 쓰며 젊음 지키자〉에서 이렇게 쓰고 있다. "이제 어느 누구의 생애에 있어서든 일기와 수첩을 아울러 쓰면서 살 수 있다면, 이것이 바로 현실과 이상을 조화시키면서 사는 증거일 수가 있다. 또 다른 한편, 이것은 어느 누구든 죽는 그 날까지 젊음을 잃지 않고 사는 하나의 비결일 수도 있는 것이다."

일기는 복잡한 현대 생활에서 자신의 마음을 다잡고 진정하게 하여 개성 없는 시대에 개성과 주체성을 가질 수 있게 해 준다. 일기는 일상성에 매몰되어 있는 우리로 하여금 정신이 잠드는 것을 막아 깨어 있게 해 준다. 일상생활에서 실제로 내 뱉으면 엄청난 문제를 야기시킬 대화도 일기장 속에서는 아무런 거리낌 없이 할 수 있어 정신의 카타르시스를 위해서 좋다.

일기 쓰기는 늘 꿈을 꾸는 행위이기도 한다. 꿈은 자기 혼자서 묵상을 하며 영혼과 대화할 때 구체적인 모습을 드러낸다. 광장에서 남과 어울려 떠들 때 느끼게 되는 허탈함은 밀실에서 일기장과의 대화를 통해 치유될 수 있다.

현대는 표현의 시대다. 자기를 개성 있게 표현하기 위해서는 반드시 필요한 훈련을 거쳐야 한다. 일기는 최선의 쓰기 훈련이 될 수 있다. 레오나르도 다 빈치처럼 메모하는 습관과 일기를 쓰며 기록하는 습관을 가지면 우리의 미래가 달라질 수도 있다.

맹목과 극단의 희생자들

이성과 감성, 내용과 형식, 평등론과 수월성 등과 같이 외형상 서로 대립되고 모순되는 두 입장은 시대와 사회적 분위기에 따라 어느 한 쪽이 좀 더 세력을 얻기도 하지만, 시계추처럼 왔다 갔다 하다가 궁극에는 상호 균형을 이루면서 각각 제 갈 길을 간다.

괴테와 실러 등이 주도한 독일의 질풍노도 운동은 자연, 인간의 개성, 감성 등을 앞세운 낭만주의 운동으로 그 때까지 유럽 지성계를 지배하던 계몽주의의 합리성(이성)에 대한 반발이었다. 그러나 확고한 뿌리 없이 폭풍처럼 밀어닥친 낭만주의라는 일시적 현상은 이성을 꺾을 정도로 지속적인 위력을 발휘하지 못했다. 시간이 지나면서 이성이 다시 본래의 힘을 회복하며 상호 균형을 회복했다. K.맑스와 F.엥겔스의 등장과 더불어 본격화된 유물론은 형식보다는 내용의 우위에 무게를 주었다. 그러나 어느 한 쪽에 우선적인 무게 중심을 둘 수가 없다. 내용은 자신에게 맞는 형식을 스스로 찾지만, 형식 또한 내용을 규정하거나 내용의 발전에 영향을 미치며 둘은 서로 영향을 주고받기 때문이다.

우리 교육에서 평등론과 수월성의 문제는 빈부격차나 계층 이동에 대한 관점의 차이로 해석할 수 있다. 현재의 상황을 우려하는 사람들은 평등론이 지나치게 강조되면 하향평준화를 초래하여 삼류가 일류를 침묵시키고 좌절시켜 사회 전체가 활력을 잃고 침체될 가능성이 높다고 주장한다. 그들은 수월성이 보장되고 장려되어야 선두그룹이 활성화 되어 사회 발전이 제대로 진행된다고 확신한다. 지금 우리 교육은 두 이념의 조화와 균형이 필요하다.

자녀교육에서 우리는 너무 극단적이다. 다양한 이해관계를 가진 사람들이 부추기고 조장하는 극단적 조치와 방법들에 학생만 일방적으로 이용되고 희생된다.

입시제도에 관계없이 대학은 항상 실력 있는 학생을 뽑기 위해 온갖 방법을 강구한다. 학생선발의 본질적 측면을 아는 사람이라면 내신, 수능, 논술 어느 한 곳에만 목을 걸지는 않을 것이다. 한 쪽으로만 질풍노도의 기세로 달려드는 극단적인 태도 때문에 각 요소에 골고루 시간 안배를 못하는 것이다. 균형 잡힌 시각으로 기본에 충실하면 내신, 수능, 대학별고사, 입학사정관제 등 모든 것을 동시에 대비할 수 있다. 전망이 불투명할수록 편향된 시각과 단선적 사고를 경계하고 기본에 충실해야 한다.

칼 포퍼와 논술교사

　　자신을 문화 사업에 종사하는 전문직 여성이라고 소개한 어느 고2 어머니가 논술 때문에 상담하러 왔다. 대다수 사람들이 묻는 일반적인 질문과는 그 내용이 달랐다. 최상위권 성적을 유지하고 있는 아들이 논술학원에 1년 다니더니 너무나 이상하게 달라졌다고 말했다. 하소연을 그대로 옮겨본다.

　　"어느 날 식사를 하다가 아들 녀석이 느닷없이 히틀러와 칭기즈칸 중 누가 더 나쁘다고 생각하느냐고 묻길래 히틀러라고 답했습니다. 아이가 답답하고 한심하다는 눈빛으로 잠시 저를 노려보더니 엄마는 좀 더 정확한 판단력과 진보된 역사관을 가져야 한다고 힐책하면서, 확신에 찬 어조로 자기는 칭기즈칸이 더 나쁘다고 믿는다고 말했습니다. 히틀러보다는 칭기즈칸이 사람을 더 많이 죽였기 때문이라고 설명했습니다. 기가 차서 누가 그러더냐고 물었더니 논술 선생님께서 그렇게 가르쳐 줬다고 자랑스럽게 말했습니다."

전국에 불어 닥친 논술 광풍은 많은 재야 지식인들을 논술 사교육 시장에 끌어 들였다. 인문·사회학적인 소양이 풍부하면서 탁월한 분석력과 비판적 식견을 가진 사람들이 논술을 지도하는 것은 매우 바람직한 일이다. 그러나 교사가 자신의 신념이나 가치관을 아이들에게 강요하거나 일방적으로 주입시키려고 할 때 문제는 심각해진다. 논술교육의 목적과 취지, 그리고 그 지도법에 대해 끊임없이 고민하는 사람이라면 칭기즈칸이 더 나쁠 수 있다고 말할 수 있을지는 몰라도(이 관점도 문제가 많다), 맹목적으로 믿게 하지는 않을 것이다.

철학자 칼 포퍼는 전체주의가 세계를 위협하고 있던 1945년에 《열린사회와 그 적들》을 출간했다. 포퍼는 이 책에서 완전한 사회는 존재할 수 없다고 강조하며, 더 나은 사회를 만들기 위해서는 혁명과 같은 급진적인 수단에 의존해서는 안 되며, 자유로운 비판과 토론을 통하여 점진적으로 개선하려고 노력해야 한다고 주장했다. 그는 이러한 입장을 '점진적 사회공학' 이라고 불렀다. 포퍼는 열린사회를 인간이 살아남을 수 있는 유일한 사회라고 정의했다. 그는 소수 지배층이 권력을 독점하고 자유로운 비판과 토론을 허용하지 않는 곳을 '닫힌사회' 라고 불렀다.

논술교사는 열린 생각을 할 수 있는 사람이어야 한다. 열린 생각이란 자신이 옳거나 그르다고 믿는 사실이나 신념이 틀릴 수도 있다는 자세로 생각하는 것이다. 논술교사는 학생이 다양한 관점에서 유연하게 사고할 수 있도록 도와주어야 한다. 형성과정에 있는 순진한 학생들을 '닫힌 교실'에 몰아넣고 일방적인 주장과 주입으로 그들의 창의력을 말살해서는 안 된다. 논술교사는 포퍼가 책 본문에서 말하고 있는 다음 대목을 곰곰이 음미해 볼 필요가 있다.

"내가 잘못되었을 수 있다. 당신이 옳을 수도 있다. 그리고 우리가 노력하면 진리에 더욱 가까이 다가갈 수 있다."

제**2**장 온 가족이 공부방에서

우리는 때로 비약을 꿈꾼다. 그러나 그 비약은 꾸준
히 준비하며 인내한 자에게만 일어난다. 러시아의
혁명가 레닌은 "혁명의 와중에서 보내는 20일은 평
상시의 20년과 맞먹는다."라고 했다. 물론 이 말은
여건이 성숙되고 충분한 준비가 된 경우에만 타당
하다. 변화에 대한 확신을 가지고 최선을 다하면
어느 시점에서 자신도 모르게 원하는 결과를 얻게
된다.

자기 주도적 습관 기르기

많은 부모들이 교육을 투자로 생각한다.

남보다 돈을 많이 투자하고 보다 많은 관심을 가지고 관리하면 반드시 투입(input)에 비례한 산출(output)이 나올 것이라고 생각한다. 맞는 말이다. 불확실한 미래에 대처할 수 있는 능력을 길러주기 위해 교육보다 더 확실한 투자는 없기 때문이다. 그러나 사람에 대한 투자는 생산 설비 투자와는 다르다. 자녀는 기계가 아니기 때문에 부모의 투자에다 학생의 하고자 하는 의지가 보태져야 소기의 목적을 달성할 수 있다.

교육적 생산성은 경제적 투자와 부모의 관심에 반드시 정비례하지 않는다. 돈이든 관심이든 맹목적인 투자는 부모의 원래 의도와는 달리 정반대의 결과를 가져올 수 있다.

투자의 효율성을 높이고 자기 주도적 학습 습관을 갖게 하기 위해서는 현 상황에 대한 정확한 분석과 그에 따른 적절한 대응 전략이 필요하다.

■ 학원의 역기능

일정 분량의 학습량을 단숨에 독파하는 능력이 과거보다는 많이 떨어졌다. 과거에는 우수한 학생들 대부분이 일단 책을 손에 잡으면 집요하게 물고 늘어져 반드시 끝을 보는 습관을 가지고 있었다. 학교수업을 제외하고는 나머지 거의 대부분 시간을 혼자 관리해야 했기 때문이다.

그러나 지금은 아무리 우수한 학생이라 할지라도 학습의 상당 부분을 남으로부터 도움 받고 관리 받는다. 과목마다 공부하는 요일과 시간이 정해져 있기 때문에 학원이나 과외 선생님이 정해놓은 분량만큼만 수동적으로 따라가는 것이 습관화되어 있다. 초등학교 때부터 이런 생활에 익숙하다보니 무엇을 혼자 계획하고 실천한다는 것이 대단히 어렵게 되었다.

■ 넘치는 부모의 관심

과거에는 대부분 부모들이 바쁜 생업 때문에 자녀의 생활 전반에 일일이 간섭할 수가 없었다. 자녀들은 공부를 포함한 방과 후의 생활 관리를 스스로 할 수밖에 없었다. 지금은 대부분의 가정에서 등하교는 물론이고 학원 수강 등 모든 일에 부모가 개입한다.

학습 내용과 학습량은 물론이고 수면 시간까지 부모가 관리하는 경우가 많다. 기본적으로 할 일이 많고 그로인해 지치다보니 상당수의 학생들은 부모가 요구하는 만큼만 따라가는 것이 습관화되어 있다. 이런 식으로 길들여진 자녀들이 공부와 생활을 스스로 꾸려가는 습관을 형성하기란 대단히 어렵다.

■ 어떻게 할 것인가

"말을 물가로 끌고 갈 수는 있지만 물을 마시게 할 수는 없다"라는 서양 속담은 학습과 생활 전반에서 '자발성'과 '자립심'이 결여된 자녀를 둔 가정에서 절실하게 와 닿는 말이다. 강제로 학원에 보내고 공부방에 밀어 넣는다고 자녀가 그 시간에 공부하는 것은 아니다. 자발적으로 공부하려는 의지와 성취 욕구가 없으면 그 어떤 것도 소용이 없다. 반면에 자기주도적 학습 습관을 가진 학생들은 부모의 간섭이 필요 없다. 그들은 항상 여유가 있고 무서운 집중력으로 공부하며 생활을 즐긴다. 어떤 입시제도에도 능동적으로 대처할 수 있는 최선의 방법은 자기주도적 학습습관과 생활습관을 기르는 것이다.

■ 사례 1

P씨는 대학 2학년의 아들을 두고 있는 사업가이다. 그는 아들이 중고등학교에 다닐 때 어떤 일이 있어도 일요일에는 학원에 보내지 않았다. 뿐만 아니라 일요일 오전이나 오후 중 한나절은 반드시 운동을 하거나 하고 싶은 일을 하게 했다. 일요일마다 부부도 늘 산행을 했다. 일요일은 부모 자식이 자기 하고 싶은 일을 하며 함께 쉬는 날이기 때문에 상호 불신 속에 서로 간섭할 필요가 없었다. "하루를 푹 쉬고 나면 주중에는 스스로 알아서 더욱 열심히 공부하게 됩니다.

계속 몰아붙이기만 하고 여유를 주지 않으면 무엇을 스스로 알아서 하지 못하며 부모의 눈치만 살피게 됩니다."

■ 사례 2

A씨의 두 자녀는 지금 명문대학에 재학 중이다. A씨는 큰 아이가 중2 때부터 주말과 방학 때는 집중적으로 장편 소설을 읽게 했다. A씨는 어떤 일이 있어도 토, 일요일 중 하루는 학원에 보내지 않았다. 운동을 하고 책을 읽게 했다. 〈삼국지〉, 〈열국지〉, 〈수호지〉, 이병주의 〈지리산〉, 김주영의 〈객주〉, 황석영의 〈장길산〉, 조정래의 〈태백산맥〉과 〈아리랑〉, 박경리의 〈토지〉, 홍명희의 〈임꺽정〉 등을 차례로 읽게 했다. 마지막에는 토스토예프스키의 〈카라마조프가의 형제들〉을 읽게 했다. 토스토예프스키의 소설을 참고 읽을 수 있다면 어떤 책도 끝까지 읽을 수 있다는 것이다. 인내심과 독파능력, 자기주도적 학습 습관을 배양하기 위해서는 장편소설 읽기가 최고라는 것이 그의 지론이다.

■ 사례 3

L씨의 아들은 현재 고2이다. 아이가 중1 때부터 컴퓨터에 지나치게 탐닉했다. 반에서 1,2등 하던 성적이 10위권 밖으로 밀려나게 되었다. 중3 겨울 방학 때 전문가와 상담한 후 아들의 공부방에 있는 컴퓨터를 거실로 옮겨 가족이 공동으로 사용하도록 했다. 학업과 관련된 자료를 찾아볼

때를 제외하고는 주중에는 컴퓨터를 켜지 않기로 약속하고 실천했다. 주말에는 2시간 정도 컴퓨터와 놀도록 했다. 또한 공부할 때 이어폰으로 음악을 듣는 습관도 고쳤다. 1년 후에는 원래의 성적을 되찾게 되었다. 그는 확신에 찬 어조로 말했다. "컴퓨터는 집중력을 떨어뜨리며 머리를 산란하게 합니다. 컴퓨터 앞에 앉았다가 책상으로 옮겨가기란 정말 어렵습니다. 평일에는 아예 안 하는 것이 가장 좋습니다."

빈틈없는 관리와 끝없는 간섭은 단기적인 효과는 있다. 그러나 이것이 일상화될 때 자녀의 자립심과 자발성은 들어설 여지가 없어진다. 가능하다면 일정기간 간섭하지 말고 한 번 믿고 맡겨볼 필요가 있다. 학업과 여가 시간 등을 자율적으로 관리하게 하고 그 결과에 대해 스스로 책임지게 하는 과정을 거쳐야 자기주도적인 습관을 형성하게 된다.

일주일 내내 학원에 보내는 것은 삼가야 한다. 집에서 노는 모습을 참을 수가 없어서 학원에 보낸다는 부모들이 많다. 이런 생각 역시 장기적인 관점에서 보면 많은 문제를 일으킬 수 있다. 여가 시간이 있어야 무엇을 스스로 도모할 수 있다. 적어도 토, 일요일 중 하루는 학원과 과외에서 자유롭게 해야 한다. 저학년일수록 더욱 그래야 한다. 일단 맡겨놓고 기다려 주는 자세가 필요하다.

내신 관리 이렇게

　시험 범위가 무엇이고 어떤 식으로 출제되는 지를 빤히 알면서도 차일피일 미루다가 결국 제대로 준비를 못하고 대충 넘어가기 쉬운 것이 중간·기말시험이다. 흔히 내신 성적은 관심과 성의에 비례한다고 말한다. 수업시간에 배운 내용 중에서 예측이 가능한 문제가 주로 출제되기 때문이다. 미루지 말고 미리미리 계획을 세워 대비를 하면 반드시 좋은 결과를 얻을 수 있는 것이 내신 성적이다.

　현행 대학입시는 입학사정관제, 특기자 전형 등을 포함하는 '수시'와 '정시'모집으로 나눌 수 있다. 내신 성적을 잘 관리하는 학생은 여러 번에 걸쳐 많은 응시 기회를 가지게 된다. 내신 성적이 좋으면 입학사정관제, 특기자 전형 등 수시 1단계에서 절대적으로 유리하며, 다른 방식의 수시모집에서도 일차적으로 유리하다. 정시에서 가장 중요한 수능점수도 내신 관리를 잘하는 학생이 성적이 좋다. 내신 성적은 어떤 형태의 대입전형에서도 가장 기본적으로 중요한 평가 요소이기 때문에 최선을 다해 관리해야 한다.

고3 중에는 지금 공부를 해도 1, 2학년 때 성적을 만회할 수 없다며 내신 관리에 별로 신경을 쓰지 않는 학생들이 많다. 이는 잘못된 생각이다. 학년에 관계없이 중간과 기말시험은 내신을 결정할 뿐만 아니라, 교과내용을 복습하고 정리하는 기회이다. 이와 같은 사실은 고1, 2학년에게도 마찬가지로 적용된다. 재학생의 경우 학년에 관계없이 내신 관리를 잘해야 학교생활이 즐겁고 심리적 안정을 유지할 수 있다.

■ 교과서를 정리한 후 문제집을 풀어라

많은 학생들이 시험공부의 출발점이 되는 교과서와 그 내용을 심화 또는 요약한 노트는 무시하고 문제집 풀이에 치중한다. 이는 매우 어리석은 방법이다. 학교 시험은 주로 수업시간에 다룬 내용에서 출제된다. 그러므로 교과서와 노트를 등한시하고는 좋은 점수를 받을 수가 없다.

먼저 교과서를 여러 차례 반복해서 읽으며 교과 담당 선생님이 평소 강조한 중점 사항을 철저하게 이해한 후에 문제집 풀이를 해야 한다. 내신 성적이 좋지 못한 학생들 대부분이 교과서를 소홀히 하는 경향이 강하다. 배운 내용 가운데 수업 시간에 열심히 듣지 않은 단원이 있다면 급우들에게 물어서 선생님이 중점적으로 강조한 핵심 내용이 무엇인지를 미리 챙겨두는 것이 바람직하다. 내신 관리를 제대로 못하는 학생일수록 교과서는 무시하고 학원에서 내주는 전년도 기출문제를 비롯한 보충자료에 매달린다.

■ 이해한 후 암기하라

전체 흐름을 먼저 이해하고 나서 암기해야 한다. 시험을 보름 정도 앞두고 학습계획을 세울 때, 하루에 어느 한 과목을 완전히 끝내겠다고 계획하는 학생들이 많다. 국사 범위 50쪽 분량을 하루 만에 다 외우겠다고 생각한다. 이런 학생은 앞뒤 보지 않고 처음부터 무턱대고 암기하려고 한다. 그러나 전체적인 문맥의 파악과 내용에 대한 완전한 이해 없이 제대로 암기한다는 것은 매우 어렵다. 그러니 진도가 나갈리 없고 결국은 계획한 분량만큼 공부를 할 수 없게 된다. 첫날부터 뜻대로 되지 않다보니 다른 과목들도 하루하루 뒤로 밀리게 되고 결국은 지쳐서 포기하기 쉽다. 어느 한 과목을 하루에 뗀다는 생각을 버려야 한다. 하루 한 과목보다는 두 세 과목을 동시에 공부하는 것이 생산적이다. 하루 6시간 내내 국사를 볼 것이 아니라 국사, 정치, 사회문화를 각각 2시간씩 나누어 공부하는 것이 바람직하다. 각 과목의 시험범위 내용을 무조건 외우려고 하지 말고 처음에는 핵심내용을 이해하는데 중점을 두고 그냥 읽어 나가야 한다. 이 때 전체적인 흐름을 중시하면서 중요한 부분이나 암기해야 할 부분은 밑줄 정도만 쳐 둔다. 암기에 중점을 두지 않고 읽으면 진도가 빨라질 것이다.

그런 다음 다른 과목으로 넘어가서 같은 방법으로 공부한다. 이런 식으로 전 과목을 다 훑어보고 난 후 다시 처음부터 반복하는 것이 바람직하다. 주기적 반복이 암기의 기본 원리이고 5차례 정도 반복하면 장기간 기억할 수 있다. 교과 내용을 잘 이해하고 중요한 부분에 표시가 되어 있다면 시험 전날 공부만으로도 세세한 사항을 다 암기할 수 있다.

■ 요점 위주의 공부를 경계하라

요점과 급소를 따져 얕게 공부하는 것은 위험하다. 학교 시험은 정해진 좁은 범위에서 출제되기 때문에 때로는 시험문제로서의 가치와 객관적 타당성 면에서 논란의 소지가 있는 문제도 출제될 수 있다. 시험범위 안의 모든 내용은 철저하게 공부해야 한다. 약삭빠른 고양이 밤눈 어둡다는 속담을 상기하면서 우직한 태도로 공부해야 한다.

내신 경쟁이 치열해지다보니 소위 '족보'라고 말하는 지난해 시험문제를 구하려는 학생들이 많다. 전년도 문제를 가벼운 마음으로 훑어보는 것은 도움이 될 수 있겠지만 대부분 학교들이 여기에 대비하고 있기 때문에 너무 믿는 것은 바람직하지 않다.

■ 평소 공부하던 장소에서 혼자 공부하라

시험 기간 중 독서실이나 공공 도서관 등에 친구들과 어울려 다니면 시험을 망칠 가능성이 높다. 같이 다니다 보면 불안한 마음에 휴식과 잡담의 시간이 길어지고 실질적인 공부 시간은 얼마

되지 않는다. 간혹 어려운 과목을 서로 물어가며 공부한다며 몇 명이 함께 모여 공부하는데 실제로는 별로 바람직한 결과를 얻지 못한다. 함께 있다 보면 공부 외적인 것으로 시간을 낭비하기 쉽기 때문이다. 공부는 원래 혼자 하는 것이다.

■ 낮잠을 자지 말라

많은 학생들이 낮에 자고 밤에 공부하겠다는 생각을 한다. 낮에 실컷 자고 나면 밤에 머리가 맑아지고 몸이 가벼워져야 하는데 실제로는 그렇지 않다. 막상 밤이 되면 학습량에 부담을 느끼게 되고 마음이 더욱 조급해져 능률은 오르지 않고 불안감만 커진다. 그러다 보면 다시 자고 새벽에 일어나 학교 갈 때까지 공부하면 어떨까하는 생각으로 이어지기 쉽다. 자칫하면 시험 기간 중 밤낮없이 잠만 잘 수도 있다.

낮에 많이 자게 되면 밤낮이 바뀌어 생활 리듬이 깨어진다. 그렇게 되면 설혹 공부를 많이 했다할지라도 시험 시간에 최상의 컨디션을 유지할 수 없어 문제 풀이에 집중하기가 어렵다. 너무 피곤하여 조금이라도 자지 않고 견딜 수 없다면 1시간 이상 자지 않도록 유의해야 한다.

■ 하루하루 최선을 다하라

한 두 과목을 못 쳤다고 나머지 과목을 포기하는 일이 없어야 한다. 최종 성적은 중간, 기말을 합산한 전 과목으로 결정된다는 사실을 명심해야 한다. 내신 관리를 제대로 하지 못하는 학생들은 어느 한 과목 때문에 나머지 과목들을 쉽게 포기하는 경향이 강하다.

■ 학부모 유의사항

시험을 치는 학생 자신보다 부모가 더 긴장하고 예민해지는 경우가 많다. 부모가 아무리 신경을 쓰고 애를 써도 시험은 학생의 몫이다. 가능하다면 부모는 모든 것을 학생에게 맡기고 초연해지려고 노력해야 한다. 부모가 간섭이 심하면 학생은 반항하거나 극도로 소심해 지기가 쉽다. 이미 지나간 시험 결과를 들먹이거나 남과 비교하며 자녀의 감정을 상하게 해서도 안 된다. 실수에 관대하며 늘 낙관적인 모습을 보여주는 부모 밑에 매사에 자신만만하고 학업 성취도가 높은 학생이 나온다.

시험 기간 중 당일 시험 결과를 알아보려고 하지 않는 것이 좋다. 이미 지나간 일을 두고 나무란다거나 아쉬운 태도를 보이면 자녀에게 부담을 주게 되어 그 다음날 시험에 영향을 미치게 된다. 시험은 대개 3, 4일간 계속 되기 때문에 학생의 건강관리에 각별히 신경을 써야 한다. 아침 식사를 거르지 않는 학생이 학업 성취도가 높다는 사실은 여러 연구를 통해 밝혀진 바 있다.

모의고사와 부모

　　많은 수험생들이 3월 첫 모의고사 성적이 실제 수능을 예측할 수 있는 가장 신뢰도 높은 지표라고 생각한다. 그러나 이보다 잘못된 생각은 없다. 어느 시험이든 당해 연도 공부가 결정적이다. 고3에게 주어진 그 짧은 시간 안에 1, 2학년 때 공부한 학습량의 몇 배를 더 공부할 수 있다. 3월 모의고사 성적이 끝까지 간다는 것은 아무 근거도 없는 낭설일 따름이다. 변화에 대한 확신을 가지지 못하면 모의고사는 정신과 육체를 고문하는 형틀로 고3 생활 전반을 고통스럽게 할 따름이다.

　　모의고사는 수험생이 자신의 객관적 위치를 파악하고 취약점을 파악하여 학습의 효율성과 생산성을 향상시키기 위한 수단으로 활용되어야 한다. 그러나 많은 수험생과 학부모들이 모의고사에 너무 민감하다. 상당수의 수험생들은 모의고사가 주는 충격과 좌절감 때문에 생활의 활력과 학습 의욕을 상실하고 방황한다. 고3은 어쨌든 평균 한 달에 한 번 꼴로 모의고사를 치러야 한다. 시험이 피할 수 없는 현실이라면 생산적으로 활용할 수 있는 방법을 찾아야 한다. 모의고사 성적에 웃고 울다보면 3월 이후 11월 수능까지 9개월 남짓한 시간이 그냥 훌쩍 지나가 버린다.

모의고사를 치는 날 아침에도 평상시와 같이 자녀를 대하는 것이 좋다. 수험생은 말하지 않아도 시험에 대한 부담을 가지고 있으며 잘 치고자 하는 적극적인 의지를 가지고 있다. 시험을 잘 치라는 말은 필요하지 않다. 이런 말은 오히려 수험생을 소심하게 만들거나 불안하게 할 수 있다. 또한 시험을 친 후 설혹 기대만큼 점수가 나오지 않았다 할지라도 학생을 질책하거나 실망하는 기색을 보여서는 안 된다. 점수가 좋으면 더욱 신나게 공부하라고 격려하고 좋지 않으면 연습으로 치는 시험이니까 너무 상심하지 말라고 위로해 주는 여유를 가져야 한다. 모의고사 점수에 지나치게 민감한 학생 뒤엔 모의고사에 민감한 부모가 있다. 연습으로 치는 시험에서 지나치게 지치고 상처 받으면 실전을 그르칠 가능성이 높다. 수험생이 시험을 칠 때 자신 있는 태도를 유지하기 위해서는 평소 부모의 자세와 가정의 분위기가 매우 중요하다.

형광펜과 젊은날의 독서

　　대부분의 학생들은 공부한 시간과 학습량에 비례하여 성적 향상이 있을 것이라고 생각한다. 아니 그렇게 되기를 기대한다. 그러나 공부를 해 본 사람은 안다. 어떤 과목은 아무리 반복하며 다져도 성적 향상이 일어나지 않는다는 사실을. 공부한 만큼 반드시 성과가 보장된다면 밤을 새워도 행복해 할 수험생이 많을 것이다. 교과서를 수없이 반복해서 읽고 문제집을 아무리 여러 권 풀어 보아도 기대하는 변화가 일어나지 않을 때 수험생은 한없이 피곤하고 힘이 빠진다. 그로 인한 절망감과 무력감은 결국 모든 의욕을 상실하게 한다. 교과서를 읽고 문제집을 풀 때마다 조금이라도 발전할 수 있는 학습법은 없을까? 생산적인 책읽기란 과연 무엇인가? 책읽기와 글쓰기를 자연스럽게 연결할 수 있는 묘책은 없을까?

　　많은 사람들이 책을 읽을 때 형광펜으로 주요 내용에 밑줄을

친다. 다음에 다시 볼 때 전부 다 읽지 않고도 그 부분을 쉽게 찾을 수 있기 때문이다. 형광펜을 이용하는 독서의 생산성에 대해 세계 여러 대학에서 연구와 토론을 했다. 형광펜은 창의적이고 생산적인 독서에 장애 요인이 될 수 있다는 방향으로 결론이 났다. 형광펜으로 밑줄을 그어 놓으면 다음 읽을 때도 그 부분만 다시 보게 되어 처음 읽을 때 놓치게 된 주요 내용을 거듭 놓치게 될 가능성이 높다. 또한 형광펜으로 밑줄을 쳐 두면 다시 읽을 때 처음에 받았던 느낌이나 생각이 그대로 떠오르기가 쉽고 새로운 생각을 진전시키기가 어려운 경향이 있다. 따라서 문학 작품이나 시집은 아무 표시를 하지 않고 읽는 것이 직관력이나 상상력의 배양을 위해 바람직하다. 그러나 내용을 깊이 있게 음미하고 재해석하기보다는 주요 정보를 단순히 반복해서 암기하는 것이 주된 목적이라면 형광펜은 도움이 될 수 있다. 시각적 효과를 살려 핵심 내용이 눈에 확 들어오게 표시해 두면 단순히 반복하는데 도움이 되기 때문이다.

수업 시간에 형광펜을 활용하게 하는 사람이 많다. 시각적인 효과를 이용하여 무엇을 유형화하고 도식화하는데 도움이 되기 때문이다. 그러나 형광펜이 모든 경우에 효과적인 것은 아니다. 형광펜 사용은 획일적이고 조건반사적인 사고 습관을 형성하게 할 가능성이 높으며, 깊이 있는 독서보다는 피상적인 책읽기에 빠지게 할 위험성이 있다.

어떤 즐거움이든 즐거움 자체가 비도덕적인 것은 아니다. 즐거움 그 자체는 좋은 것이다. 그러나 즐거움 가운데는 지각 있는 사람들이 피하고 싶어 하는 것도 있다는 사실을 기억하자. 지적 즐거움이 가장 만족스럽고 가장 지속적인 기쁨이라는 사실을 남보다 일찍 깨닫는 사람이 많은 것을 성취한다. 지적 즐거움을 위해 젊은 날 독서하는 습관을 몸에 배도록 노력해야 한다.

젊은 날의 독서란 저수지에 물을 가두는 것과 같다. 장마철에는 이 골 저 골에서 많은 물이 흘러 들어와 저수지를 가득 채워야 한다. 흙탕물이라도 상관없다. 세월과 더불어 정화되기 때문이다. 여름날에 가득 채워 놓으면, 가을이 되면 스스로 깨끗해져서 맑은 물이 된다. 이 때 수로를 따라 나오는 물은 여름날의 그 흙탕물이 아니다. 그 호수만이 가지는 독특한 향기와 깊이를 가지는 물이 된다. 젊은 날 많은 책을 읽어 두면 그 내용은 세월과 더불어 독특한 나의 것으로 바뀌게 된다. 그 때 나의 입이나 글을 통해 표현되는 내용은 나만의 개성과 깊이를 간직하고 있는 것이 된다.

학원 선택 이렇게

공교육 붕괴와 사교육의 팽창은 고교 평준화와 괘를 같이 한다는 것이 일반적인 정설이다. 학력 수준과 학습 능력 면에서 엄청난 격차가 있는 학생들을 한 교실에 넣고 가르치다보니 상위권은 상위권대로 학교 수업에 만족하지 못하고 하위권은 어떻게 가르치든 도저히 따라갈 수 없어 결과적으로 교실 붕괴가 불가피했다는 것이다.

사정이 이러하다보니 상위권은 진도를 빨리 나가며 심화학습을 하기 위해 학원에 다녀야 하고, 중하위권은 학교 수업을 통하여 충분하게 이해가 되지 않는 기초 과정을 공부하기 위해 학원에 나가지 않을 수 없다는 것이다. 국적 불명의 조기교육 프로그램으로 수요자를 협박하고 유혹하는 입시계 학원뿐만 아니라, 대학생과 성인들이 주로 다니는 외국어 학원, 주부들을 상대로 하는 백화점 등의 문화 강좌나 교양 강좌까지도 학원의 범주에 넣는다면 대한민국 모든 국민은 어떤 식으로든 학원과 관계를 맺으며 살아간다.

학습지도나 입시와 관계되는 학원은 어떤 의미에서는 필요악이라고 할 수 있다. 학원은 없어도 되며, 안 다녀도 된다면 가장 이상적이다. 그러나 초중고 학생들에게 있어서 학원은 엄연한 현실이다. 학원은 학원대로 수요가 있기 때문에 공급이 있는, 법률적으로 보장된 사회 교육기관이라고 주장한다.

범람하는 정보의 홍수 속에서 수요자는 자기가 필요한 것을 선택할 수 있는 지혜와 안목을 가져야 한다. 특히 어린 청소년들에게 있어서 학원 선택은 장래를 좌우할 정도로 중요한 문제이다. 잘못된 학원 선택은 창의력을 말살할 뿐만 아니라 경직된 사고방식과 수동적인 생활 습관을 갖게 하여 지적인 홀로서기를 할 수 없게 할 수도 있다.

■ 종합반과 페키지 강좌

중학생을 상대로 하는 강좌 중에 전 과목을 묶어 학교처럼 가르치는 종합반이 있다. 고등부에서는 사회탐구나 과학탐구를 페키지로 묶어 강의하는 곳이 많다. 이런 강좌는 기초실력이 부족하고 스스로 시간 관리를 잘 하지 못하는 학생들이 선호한다. 여러 과목을 묶어서 등록해야 하기 때문에 다소 자신 있는 과목도 같이 신청을 해야 하는 단점이 있다. 고등부강좌에서 사회탐구나 과학탐구를 묶어서 강의할 경우 대개 일주일에 두세 번밖에 강의를 하지 않기 때문에 수박 겉핥기식으로 실속이 없고 깊이가 없을 가능성이 높다. 고등부의 경우 전혀 감을 못 잡는 학생은 페키지 강의를 들으며 전체적인 흐름을 파악하는데 도움을 받을 수 있다. 그러나 고득점을 목표로 할 경우 취약한 과목을 한 과목씩 단계적으로 수강하는 것이 바람직하다.

■ 스파르타식과 아테네식

스파르타식 지도 방법을 선호하는 학원은 수강생들의 학습관리와 생활관리를 철저하고 빈틈없이 한다는 것을 장점으로 내세운다. 계획한 만큼 반드시 공부시킨다는, 다시 말해 완전학습을 목표로 하기 때문에 부모의 양해 하에 심지어 체벌도 한다. 이런 학원은 단기간에 가시적인 성과를 보여줄 수 있어 많은 학부모들이 선호한다. 그러나 최대의 문제점은 모든 학습활동이 타율적이고 강압적이기 때문에 지적인 홀로서기를 막을 수 있다는 것이다. 뿐만 아니라 학습과 생활면에서 수동적인 습관을 갖게 할 위험성이 있다. 또한 실질적인 생산성보다는 형식과 겉치레에 치중할 위험도 있다. 무엇보다도 이런 유형의 학원은 창의력과 상상력을 무력화시킬 가능성이 높기 때문에 부정적인 요소가 많다. 처음에 열심히 하다가 곧 시들해지는 학생들의 상당수가 이런 지도 방법 때문에 공부에 염증을 느끼게 된 경우이다.

아테네식 학원은 학생이 자발적으로 공부 하도록 유도한다. 상위권 학생들이 이런 학원을 선호한다. 그러나 자칫하면 학원과 학생 모두가 나태함에 빠져들 위험이 있다. 구체적인 학습 목표와 계획에 충실하면서 자율성을 유지할 수 있을 때 학습효과는 극대화 된다. 이런 방식은 자기주도적 학습 습관이 제대로 형성되어 있지 않는 학생에겐 별로 효과가 없을 수도 있으므로 학생 자신과 학부모는 이 점을 충분히 고려해야 한다.

어른 아이 할 것 없이 생활 전반을 자율적으로 이끌어 가기란 힘이 든다. 그렇다고 매사를 타율적으로 강압할 수도 없다. 청소년기에는 타율적 강제와 자율성이 동시에 작용해야 한다. 학원도 이 두 요소를 잘 조화시키는 곳을 선택하는 것이 바람직하다.

■ 그룹지도와 개인지도

현재 많은 학원들이 소수정예를 표방하고 있다. 맨투맨 식으로 철저하게 지도해 준다는 것이다. 강의 내용과 학생 관리는 다수를 상대로 하는 반과 별 차이가 없으면서 수강료만 비싼 것이 문제이다.

상당수의 학원들이 강의의 질적 차이는 없으면서 단순히 수지 타산을 맞추기 위해 그룹지도와 개인지도 반을 만들어 고가의 수강료를 받는다. 학생과 학부모는 그 차이점을 꼼꼼히 따져보고 학원을 선택해야 한다. 학원 종사자들 자신도 고가의 개인지도가 그만큼 효과가 있는 것은 아니라고 말한다. 관심을 가지고 살펴보면 정상적인 수강료를 받으면서도 알찬 강의를 하는 학원을 찾을 수 있다.

개인지도로 피해를 입는 학생과 학부모들이 예상외로 많다. 개인지도는 고액 과외가 많기 때문에 피해를 입고도 공개적으로 하소연하지도 못하는 경우가 많아 주의를 기울여야 한다. 특히 브로커를 동원해 허위 과대 선전을 하는 사람들을 주의해야 하며 지역의 유명 인사나 여러 학교의 우수 학생을 들먹이며 자기가 지도했다고 과시하는 사람도 경계해야 한다. 적중률이 높다거나 자신이 족집게라고 하는 사람들도 주의해야 한다. 개인 과외는 자칫하면 학생과 선생이 같이 나태해지는 경우가 있으므로 특히 주의해야 한다.

■ 학원 선택시 유의사항

어떤 것이든 사람마다 선호하는 스타일이 다르다. 학원도 마찬가지이다. 다른 사람에게 아무리 좋아도 나와 맞지 않으면 아무 소용이 없다. 우리 주변에는 학원도 유행을 좇듯이 선택하는 사람들이 많다. 확실하지 않은 소문에 따라 움직이다가 보면 체계도 세우지 못하고 결국에는 시간만 낭비하게 된다.

학원을 선택할 때는 다음 기준을 염두에 두면 도움이 될 것이다. 첫째, 자신의 학력 수준과 듣고자 하는 강의 수준이 맞는지 알아보아야 한다. 들어서 이해가 안 되는데도 공부 잘하는 학생들이 그 강의를 듣는다고 계속 따라가는 우를 범해서는 안 된다. 둘째, 학원까지 오가는 거리를 생각해야 한다. 장거리를 이동하는 학생들은 학원 수강으로 득을 얻기보다는 시간 낭비와 피로의 누적으로 손해를 볼 가능성이 높다. 셋째, 한 달 듣고 난 다음 그 생산성을 냉정하게 검토해야 한다. 별 도움이 안 되면서 친구 때문에 혹은 집에서 잔소리를 듣지 않기 위해 계속 학원에 나가는 일이 없도록 해야 한다.

학교 수업 시간에는 자고 학원에서 모든 것을 해결하려는 학생들이 많다. 이보다 어리석은 짓은 없다. 학업 성취도가 낮은 학생일수록 이런 생활을 하는 경향이 강하다. 학교 수업이 비록 진도가 느리고 박진감과 밀도가 다소 떨어지더라도 그 시간에 최선을 다해야 한다. 수업 시간은 기본 개념과 원리를 오래 동안 생각할 수 있는 시간이다. 수업 시간을 등한시하고서는 궁극적으로 좋은 결과를 얻을 수가 없다. 학원은 학교 수업에서 다소 부족한 부분을 보충하는 곳이다. 주객이 전도되는 일이 없도록 각별히 주의해야 한다.

입학사정관제 대비 이렇게

교과나 수능성적보다는 학생의 인성과 잠재력을 중시하여 신입생을 선발하는 입학사정관제가 향후 입시에서 복병으로 작용할 것으로 보인다. 대다수 수험생들과 학부모들은 입학사정관제가 어떤 제도이고, 어떤 방식으로 학생을 선발하는지에 관해 잘 모르기 때문에 방향을 잡지 못한 채 갈팡질팡하고 있다.

교과 성적이나 수능성적이 낮아도 창의력과 잠재력이 있는 학생을 발굴하여 선발하겠다는 이 제도는 2008학년도 서울대를 비롯한 일부 대학에서 부분적으로 도입하였고 2009학년도까지는 전체 입시에 미치는 영향은 별로 크지 않았다. 그러나 정부가 사교육 수요를 억제할 수 있는 가장 이상적인 입시형태가 입학사정관제라고 판단하면서 이 낯선 제도는 초미의 관심사로 부각하게 되었다. 교과부가 2010학년도에 입학사정관제를 적극적으로 도입하는 대학에게 예산을 차등적으로 지원하겠다고 발표하자

KAIST와 포스텍을 비롯하여 대부분 대학들이 입학사정관제 모집 정원을 앞 다투어 대폭 늘이고 있다.

◇ 입학사정관제란?

입학사정관제는 학생부나 수능의 교과 성적보다는 학생의 잠재력, 창의력, 특기, 소질, 주된 관심사 등을 두루 평가해 선발하는 제도이다. 입학사정관(admission officer)은 직무상 대학 내 다른 행정 조직으로부터 독립된 보직으로 연중 입학업무를 수행하는 전문가로 정의된다. 미국은 1920년대부터 이 제도를 도입하였으며 많은 시행착오를 거쳐 정착하게 된 제도이다. 「SAT(대학수학능력시험) 점수가 60점 이상 차이가 나야 실제로 학생 간 실력 차이가 난다」라는 버클리 대학의 입학사정관 지침서에 있는 내용을 보면 입학사정관제의 취지를 잘 알 수 있다. 학생부 성적 몇 점 차이 또는 수능 점수 몇 점으로 당락을 결정하지 않겠다는 의미이다.

◇ 입학사정관제에 대한 기대와 우려

교과 성적과 수능점수에 의한 한줄 세우기를 지양하고 학생의 창의력과 잠재력을 중시하겠다는 선발 방식이 공정성과 투명성이 보장되고 학부모들로부터 신뢰를 받을 수 있다면 사교육을 억제하고 공교육을 정상화하는데 크게 기여할 수 있다. 그러나 1920년대 입학사정관제를 처음 도입한 미국에서 조차 이 제도는 대학이 특정 인종을 배제하고 원하는 학생들을 골라 뽑기 위한 도구로 악용된다는 논란을 불러일으켰다. 이 제도가 도입될 당시인 1922년 하버드 대학은 유대인 합격비율이 21.5%, 1918년 콜럼비아 대학은 유대인 합격자가 40%에 육박했는데, 이 비율을 낮추기 위해 성적이 아닌 인성, 리더십, 과외활동, 봉사 등을 고려한 새로운 선발 방식을 만들었다는 주장이 제기 되었다. 미국의 경우 많은 오해와 시행착오를 거듭한 끝에 이 제도는 정착되었고, 대학마다 수십 명에 달하는 훈련된 전문 입학사정관이 있다. 훈련된 전문요원이 절대적으로 부족한 우리 대학들이 단기간에 수백, 수천 명을 심사하여 창의력과 잠재력을 가진 학생을 뽑는다는 것을 거의 불가능하다. 이 제도는 자칫하면 수험생이 처한 경제적 위치와 사회문화적 배경이 당락에 크게 영향을 미칠 것이기 때문에 계층이동을 가로막는 장벽이 될 수 있다는 우려가 제기되고 있다. 성적 비중을 줄이고 비교과영역을 중시하라는 원칙에 위배되지 않으면서 단기간에 우수 학생을 변별하기 위해서는 수상경력이나 외국어 인증, 대외활동 등에 의존하지 않을 수 없기 때문이다.

◇ 대비책

입학사정관제에 의한 전형방법은 학교마다 다소 차이가 있다. 그러나 미국 몇몇 대학의 선발 방식과 지금까지 발표된 국내 주요 대학의 요강을 검토해 보면 구체적인 대응책을 찾을 수 있다. MIT는 성적, 교과이수과목, 학점, 장래희망과 포부를 밝힌 에세이, 인성, 과외활동, 개인신상 등을 평가한다. 하버드 대학은 학업, 과외활동, 품성, 스포츠 등 4개 분야를 1차로 서류심사 한 뒤 지역별로 분류된 1차 합격자를 복수의 사정관이 다시 평가한다. 최종합격자는 사정관들의 투표로 결정된다. 미국의 경우도 1차적으로는 학업 성적이 우수해야 한다는 점에 주목해야 한다.

충분한 시간을 두고 시행착오를 거치며 투명성과 공정성을 확보하지 못한 상황에서 수백 명을 짧은 시간 안에 뽑는다는 것은 거의 불가능하다. 따라서 대학들이 당분간은 공성성 시비에 말려들지 않으면서 우수 학생을 뽑기 위해서는 보다 손쉬운 방법에 의존할 가능성이 높다. 3학년뿐만 아니라 1, 2학년 학생들도 다음 사항에 유의하며 대비하는 것이 바람직하다.

■ 내신관리

1단계 평가에서 내신 성적은 가장 중요한 평가 대상이 될 것이다. 현재 1, 2학년의 경우도 내신 관리를 잘해야 한다. 내신은 수능과 논술뿐만 아니라 입학사정관제 1단계를 통과하기 위한 가장 필수적인 요소이다.

■ 각종인증시험

대부분 대학들은 영어를 비롯하여, 중국어, 일본어 등 외국어를 잘 하는 수험생을 선호한다. 따라서 토익, 토플, 텝스 등의 영어 시험과 HSK(중국한어수평고시), JLPT(일본어 능력시험) 등과 같은 외국어 시험에서 일정 수준 이상의 점수를 받은 학생은 매우 유리한 고지를 점할 수 있다. 또한 형편이 되는대로 한국

사능력검정시험, 한국어능력시험, 한자 능력 검정 시험 등에 응시하여 일정 점수나 급수를 받아 두는 것도 도움이 될 것이다.

■ 각종경시대회

카이스트는 각종경시대회의 수상실적을 반영하지 않겠다고 했지만 대부분 다른 대학의 경우 각종 경시대회 수상경력은 매우 비중 있는 요소로 작용할 것이다. 지나치게 자주 경시대회에 참가할 필요는 없지만 적절한 투자로 입상할 수 있는 경시 대회가 있다면 참가할 필요가 있을 것이다.

■ 독서 및 과외활동

고교에 진학한 이후 학생이 읽은 책과 읽고 난 후의 소감, 그 책으로 인한 자신의 변화된 모습 등을 꼼꼼히 정리하여 기록으로 남기는 습관을 들여야 한다. 교내외 특별활동을 비롯하여 다양한 과외 활동 사항을 기록하고 활동과정에서 자신의 역할, 그로 인해서 얻게 된 성과 등을 시간순서대로 기록하여 종합적인 포토폴리오를 만들어 둘 필요가 있다.

아직 완전하게 정착되지 않은 입학사정관제에 맞추어 준비할 수도 없고 할 필요도 없다. 학업에 최선을 다하면서 입시보다는 자신의 올바른 성장을 위해 많은 경험을 쌓는다는 자세로 다양한 과외활동을 하는 것이 바람직하다. 학업에 최선을 다하는 것이 그 무엇보다도 중요한 요소라는 사실을 명심해야 한다.

패러다임 개념과 공부

　토마스 쿤이 1962년에 출간한 《과학혁명의 구조》는 세계 지성사에서 하나의 이정표를 세운 현대의 고전으로 간주되고 있다. 그는 이 책에서 패러다임 개념을 제시하여 전 세계적으로 커다란 반향을 불러 일으켰다. 패러다임이란 과학사의 특정한 시기에 어떤 특수한 과학 공동체가 세계를 보는 관점, 인식의 틀을 말하며, 주어진 영역에서의 탐구를 잠정적으로 틀지어 주고 방향을 결정하는 '모범적인 모체'를 구성하는 전형적인 도식과 법칙 또는 그 과정의 총체를 지칭한다.

　어떻게 보면 인간의 역사와 개인적인 삶도 정상적인 안정의 시기와 압축적인 비약의 시기가 있다고 할 수 있다. 비약의 시기에는 그 전까지의 정상적인 발전 과정이 아무런 의미도 없었던 것처럼 모든 것이 순식간에 바뀐다. 실제 수능시험에서 비약적인 성적향상을 꿈꾸는 학생은 패러다임 이론을 되새기며 다음 사실을 곰곰히 생각해 보자.

첫째, 학습량의 축척이 선행되어야 그 다음 질적인 비약이 일어난다. 한두 주일 공부해보고 기대만큼의 성적향상이 없다고 실망하거나 포기해서는 안 된다. 물을 끓일때 일정 시간 가열해야 비로소 끓게 된다. 공부도 이와 같아서 학습량이 누적되면 어느 순간 자신도 모르게 점수변화가 비약적으로 일어난다.

둘째. 과정이 정당하고 충실해야 결과가 좋다. 우리는 과정을 무시하고 결과만을 중시하는 경향이 강한 그런 사회에 살고 있다. 이는 옳지 않다. 특히 공부는 과정이 날림이면 좋은 결과를 기대할 수가 없다. 요점과 급소를 찾아 헤매는 학습은 공부를 투기로 오해하는, 공부와 학문의 본질을 모르는 행위이다.

셋째, 꿈을 꾸고, 꿈의 실현을 확신하며, 꿈의 실현을 위해 인내할 줄 알아야 한다. 꿈은 외부로부터 아무런 에너지를 공급받지 않고도 사람의 활력을 배가 시켜주는 신비한 힘을 가지고 있다. 인내란 집결된 끈기라고 할 수 있다. 동서고금을 통해 꿈을 성취한 사람들은 단일한 목적을 위해 일정기간 극도로 단순해질 수 있는 폭발적인 집중력의 소유자들이었다.

우리는 때로 비약을 꿈꾼다. 그러나 그 비약은 꾸준히 준비하며 인내한 자에게만 일어난다. 러시아의 혁명가 레닌은 "혁명의 와중에서 보내는 20일은 평상시의 20년과 맞먹는다."라고 했다. 물론 이 말은 여건이 성숙되고 충분한 준비가 된 경우에만 타당하다. 변화에 대한 확신을 가지고 최선을 다하면 어느 시점에서 자신도 모르게 원하는 결과를 얻게 된다.

예습과 작심삼일

　많은 학생들이 예습이란 내일 공부할 내용과 문제의 답을 혼자 힘으로 미리 알려고 노력하는 매우 힘겨운 과정이라고 생각한다. 이런 잘못된 생각 때문에 예습이 힘들고 두려운 것이다. 예습이란 다음에 배울 내용과 답을 혼자 해결하는 과정이 아니고, 학습할 내용을 먼저 읽어보고 자신이 잘 모르는 부분에 밑줄을 치는 작업, 다시 말해 배울 내용에 대해 스스로 문제를 제기하는 과정이다. 학습할 내용에 관해 문제 제기가 된 상태에서 수업을 들으면 그렇지 못한 경우보다 집중력과 이해도가 훨씬 높아진다. 이것이 바로 예습이 노리는 의도이다. 예습을 하면 선생님께 질문하고 토론할 기회가 많아진다. 또한 고민한 만큼 그 내용을 더 오래 기억할 수 있다. 예습을 통하여 문제 해결 방법을 먼저 생각해 보는 습관을 기르면 새로운 상황에 능동적으로 대처할 수 있고, 낯설고 어려운 것에도 위축되거나 두려워하지 않고 늘 자신감을 가지게 된다. 예습은 지적 호기심과 창의력도 길러 준다.

결심이 굳지 않아 사흘을 못 가는 경우를 가리켜 '작심삼일 (作心三日)'이라고 한다. 이 말은 한 번 결심을 지속적으로 지키고 실천해 나가기가 매우 어렵다는 뜻이다. 혹자는 옛 사람들이 현대인들보다 상대적으로 의지가 강했다고 말한다. 맞는 말처럼 들리지만, 옛날에는 결심한 바를 실천하는 과정에서 주의를 산만하게 하고 사람을 유혹하는 요인이 오늘날보다 적었다는 점을 고려해야 한다. 그렇다고 자신의 의지박약을 시대와 환경 탓으로만 돌릴 수는 없다. 고금을 막론하고 남다른 성취는 주변 환경과 상관없이 자기 일에만 몰두하는 폭발적인 집중력과 끈기의 산물이었다. 단일한 목적을 위해 일정 기간 극도로 단순해 질 수 있는 사람만이 목표를 달성할 수 있다는 점을 기억하자.

한 번의 결심이 삼일 지속된다는 것은 오늘의 관점에서 보면, 특히 공부하는 학생의 입장에서 보면 대단한 일이라고 할 수 있다. 너무 큰 욕심을 내지 말고 한 번 결심한 사항을 우선 삼일만이라도 실천하도록 노력해 보자. 삼일 째 되는 날 지나간 삼일을 반성하고 다가올 삼일을 설계하며 결의를 새롭게 하자. 꾸준히 예습하며 일주일에 두 번씩만 작심하도록 노력하면 엄청난 성과를 거둘 수 있을 것이다. 의지의 박약함을 탓하지 말고 '作心三日'을 생활화하도록 노력해 보자.

'대박'은 없다

    고3 학생의 어머니 한 분이 상담하러 왔다. 첫 모의고사를 치고 너무 실망했다고 했다. 겨울 방학에 정말 열심히 공부를 시켰다고(학생이 열심히 했는지는 말하지 않았다) 했다. 같이 그룹 지도를 받은 학생은 첫 시험에서 '대박'이 났다고 했다. 아들이 평소실력보다 많이 못 쳤느냐고 묻자, 평소보다 조금 잘 나왔다고 했다. 그렇다면 앞으로 더 잘 할 수 있으니 걱정하지 말라고 했다. 지금부터는 '대박'을 기대하지 말고, 그 용어 자체를 사용하지 말라며 그 이유를 좀 길게 설명했다.

    대박이란 말은 도대체 어디에서 왔는가. 어떤 사람은 흥부전에서 작은 박씨가 큰 박으로 자란 것을 대박이라 한다 하고, 또 어떤 사람은 쪽박의 반대말이라고도 한다. 어디에서 유래되었든 관심 밖의 문제이다. 현재 우리가 별 생각 없이 구사하는 대박이란 말의 사용빈도는 아마도 '바다 이야기'와 같은 사행성 도박의 번창과 괘를 같이 했다고 할 수 있다. 문제는 시험을 목전에 둔 수험생에게도 '대박 터뜨려라.'라는 도박판의 말을 해 주는 것이 덕담으로 간주되고 있다는 점이다.

이런 말을 사용하는 심리근저에는 무엇이 자리 잡고 있는가. 수능시험을 치는 학생에게 찹쌀떡 정도를 주는 것은 이해가 간다. 그러나 밥주걱보다 큰 삼지창 모양의 사탕을 주며 잘 찍어 대박을 터뜨려라고 격려하는 것은 문제가 있다. 이는 시험을 사행성 도박으로 간주하는 것이다. 5백점 만점에 평소 3백점 받는 학생에게 4백50점을 기대하는 것은 정상적인 격려가 아니다. 평소 실력만큼의 점수만 받으라고 할 때 학생은 담담하게 시험에 임할 수 있고, 그러다 보면 좀 더 좋은 점수가 나올 수도 있다.

시험조차도 일종의 도박으로 간주하는 사회는 병든 사회이다. 이런 생각이 만연된 사회에서는 내 아이가 시험을 못 치면 실력보다는 시험 운이 없어서 망쳤다고 변명하며, 남이 잘 치면 남다른 노력의 결실이라고 인정하기보다는 그냥 운이 좋았기 때문이라며 비아냥댄다. 내가 잘못한 것도 남이 잘 되는 것도 인정하지 않는 곳에서는 페어플레이나 결과에 대한 승복 따위란 있을 수 없다. 상호격려의 미덕이나 점진적인 발전 같은 것도 기대할 수 없다. 시험에서 대박이란 있을 수 없다. 뿌리고 가꾼 만큼만 거두게 된다.

징크스와 대박

　딸아이가 고3 때 일이다, 6월 평가원 모의고사 전날 필자는 아내에게 다음날 아침에 미역국을 내 놓으라고 부탁했다. 이튿날 아침 식탁에 앉는 딸에게 다소 장난스러운 목소리로 말했다. "오늘 미역국 먹고 가서 시험 한 번 쳐 보렴. 미역처럼 매끌매끌하게 문제가 잘 풀릴 것이다." 느닷없이 전개된 상황과 엉뚱한 말에 어리둥절하며 숟가락을 드는 아이에게 조금 전과는 달리 단호한 어조로 덧붙였다. "우리는 왜 고3 수험생이 있으면 일 년 내내 미역국을 끓이지 않는가? 왜 시험 전날은 머리를 감지 않고 속옷도 갈아입지 않는가? 미역국이 정말로 실력 발휘를 못하게 하는지 너 스스로 오늘 확인해 보거라."

　징크스(jinx)는 그리스에서 마술에 쓰던 새 이름에서 유래된 단어이다. 불길한 일, 불운을 가져오는 재수 없는 것 등을 지칭하거나, 운동 경기나 시험 등에서 으레 그렇게 되리라고 믿는 악운을 의미한다. 기수(騎手)나 기사(棋士)와 같은 직업적인 승부사들 사이에는 온갖 종류의 징크스가 유행한다. 징크스란 일종의 미신 이며, 인과관계보다는 우연이 낳은 결과에 비과학적 해석과 의미 를 부여하는 것으로 자신감 결여의 한 모습이다. 징크스란 심약 한 인간이 스스로 만들어 내는 자기 함정이다.

수능시험을 목전에 두고 갖가지 풍경이 연출되고 있다. 벌써 부터 찰떡과 엿 등 수능 관련 상품들이 진열장을 가득 메우고 있 다. 각종 온 오프 매체에서는 '수능 대박'이란 용어가 '최선을 다 하자, 뿌린 대로 거둔다. 진인사대천명(盡人事待天命)'과 같은 고전적인 격려 구호들을 밀어내고 있다. 수능시험조차도 일종의 도박이라는 생각을 별 저항 없이 받아들이는 곳에서는 갖가지 금 기와 징크스가 난무할 수밖에 없다.

미역국을 먹고 간 아이는 그날 평소보다 시험을 잘 쳤다. 시 험 성적은 자신의 실력과 매 시간마다 얼마나 최선을 다하느냐에 달려있다는 자세로 문제풀이에만 몰두 했다는 것이다. 9월 평가 원 시험 때도 미역국을 먹고 갔다. 외적인 상황이나 기분이 시험 에 영향을 미치지 않는다는 사실을 다시 확인할 수 있었다고 했 다. 11월 실제 수능을 치는 날도 아이는 스스로의 결정에 의해 미 역국을 먹고 미역국을 담은 도시락을 가지고 고사장에 들어갔다. 평소실력을 그대로 발휘할 수 있었고, 그해 원하는 대학에 입학 했다. 수능시험에서 대박은 없다. 징크스 때문에 시험을 망치는 일도 없다. 뿌린 대로 거둘 뿐이다.

긍정의 힘

'3월 첫 모의고사 성적이 일 년을 좌우한다'

해마다 2월이 시작되면 예비 고3 교실을 점령하여 학생들을 긴장하게 하는 입시격언이다. 수험생들의 시험에 대한 두려움은 이렇게 시작되고, 상당수의 학부모와 선생님들도 이 터무니없는 말에 동조한다. 이 악성 루머에 대해 생각해 보자. 3월 모의고사가 정말로 한 해 성적을 좌우한다면 성적이 잘 나온 학생이나 못 나온 학생이나 더 열심히 공부할 필요가 없지 않겠는가. 노력과는 상관없이 3월 성적보다 올라가지도 내려가지도 않을 것이기 때문이다. 이렇게 말하면 대부분의 사람들은 고개를 끄덕인다.

살아있는 생명체에게 있어서 생명활동의 핵심은 변화이다. 변하지 않는 것은 생명 유기체가 아니고 돌과 같은 무생물이다. 나이에 관계없이 사람은 노력하고 공부한 만큼 지능이 발달하고 실질적인 지적 진전이 일어난다. 첫 모의고사를 못 친 학생이 최종 결과도 좋지 않는 경우가 더러 있다. 왜 그럴까? 부정적인 자기 암시 때문이다. 첫 모의고사의 저조한 성적이 마지막까지 그대로 유지될 것이라는 부정적인 생각을 일 년 내내 가지고 있으면 투자한 시간에 비례하는 성과를 거둘 수가 없다. 자기 부정에서 파생되는 자신감의 상실이 모든 가능성을 파괴해 버린다.

키프로스의 왕자 피그말리온은 평소 주변 여성들에게서 별 매력이나 호감을 느끼지 못했다. 조각가인 그는 자신이 이상적이라고 생각하는 여성상을 상아로 만들고는 그 조각상을 사랑하게 되었다. 미의 여신 아프로디테가 왕자의 간절하고 지극한 마음을 헤아리고 그 조각상에 생명을 불어넣어 주었다. 피그말리온은 생명을 얻은 조각상 갈라테아와 결혼했다. 간절히 소망하면 이루어진다는 '자기 충족적 예언(Self-fulfilling prophecy)'을 설명할 때 자주 인용하는 그리스 신화에 나오는 이야기이다. 피그말리온 효과는 교사가 학생을 대할 때, 조직의 책임자가 부하를 대할 때, 부모가 자녀를 대할 때도 여전히 유효하다. 낙관적이고 긍정적인 태도로 모든 것을 잘 할 수 있고, 잘 될 것이라고 믿고 기대하면 그대로 이루어질 확률은 훨씬 높아진다.

자신이 원하는 것에 주의와 에너지를 집중할 때 원하는 바가 자신에게 끌려오며, 그 실현 속도는 얼마나 믿고 확신하느냐에 비례한다는 것이다. 원하는 것을 마음으로 보고 믿으면, 실제 손으로 쥐게 된다는 점을 강조하고 있다. 첫 모의고사를 두려워하지 말자. 변화에 대한 확신과 자신감이 모든 일의 성패를 좌우한다.

공부 잘하는 아이들

어린이는 게으를 뿐만 아니라 무능하고 백지여서 어른이 지도하고 뭔가를 그려 넣어야 한다는 생각을 가지고 있는 어른이 많다. 그러나 아이들은 자발적이고 독립심이 강하다. 몬테소리는 "어린이에 대한 독재만큼 세계 전반에 걸친 큰 사회적 문젯거리는 없을 것이다. 어떤 노예나 노동자도 어린이만큼 무한한 순종을 요구 당해 본 적이 없다. 그것은 수백 년 동안 끊임없이 계속되어 왔다. 이제 어린이들 편에서 생각할 때가 되었다."라고 말했다. 그렇다. 몬테소리의 지적은 오늘 우리 부모들이 정말로 진지하게 경청해야 할 말이다.

우리의 아이들은 리모콘을 조작하는 대로 움직이는 장난감과 다를 바 없다. 그들은 학교 수업을 마친 후에도 부모의 지시대로 여러 학원을 돌아다녀야 한다. 대부분 아이들은 일주일 내내 하루도 빠짐없이 요일별, 시간대별로 해야 할 일정이 빡빡하게 짜여있다. 스스로 어떤 일을 도모할 겨를이 잠시도 없다. 부모가 짜준 계획대로 착실히 움직이면 거기에 상응하는 보상과 칭찬을 받는다. 그렇지 못할 경우에는 꾸중과 비난이 뒤따른다. 어릴 때부터 이런 생활에 익숙한 아이는 매사에 수동적이고 적극성이 결여되기가 쉽다. 모든 것을 지시에 따라 움직이고 시간을 스스로 관리하는 훈련을 받지 못한 아이는 자기주도형 생활 습관을 가질 수 없고 학년이 올라갈수록 학업 성취도가 떨어진다.

일반적으로 공부 잘하는 학생이 잘 논다. 때로는 노는 방식과 태도가 요란하고 분답다. 이들은 바쁜 일상 속에서도 필요한 여가를 스스로 만들고 찾아내는 방법을 터득하고 있다. 똑 같은 시간이 주어졌고 비슷한 일정을 가지고 있는데 우수한 학생들은 왜 그렇게 여유가 있는가. 그들은 하나같이 자기주도적 생활 습관을 가지고 있다. 타의에 의해 움직이는 학생은 주어진 과제를 주어진 시간만큼 늘여서 하는 경향이 강하다. 이런 학생은 한 과제가 끝남과 동시에 다음 과제로 넘어가야 하기 때문에 항상 허둥대고 늘 피곤하다. 자기주도적 학습 습관을 가진 학생은 무서운 집중력으로 주어진 과제를 단숨에 해결한다. 이렇게 남긴 시간은 자신이 하고 싶은 일에 투자한다. 이런 습관을 가진 학생은 늘 생기발랄하며 매사에 도전적이다. 일방적인 지시와 맹목적인 복종만 있는 곳에서는 공부의 즐거움과 생산성이 있을 수 없다.

언어영역 이렇게 공략하자

　다른 과목은 집중적으로 시간을 투자하면 어느 정도까지는 성적이 올라가는데 언어영역만은 아무리 학원에 다니고 과외를 받아도 별로 효과가 없다는 점이 학부모나 수험생의 공통된 고민거리이다. 언어와 논술 관련 학원들은 언어영역이 가진 이런 문제점을 상업적으로 이용하고 있지만 그 어떤 것도 근본적인 해결책을 제시하지는 못한다. 검증되지 않은 온갖 학습법이 나타나 학부모들을 더욱 힘들게 하는 경우가 많다.

　전문가들이 권하는 최상의 해결책은 독서이다. 철학이나 논리 관련 책보다는 시집이나 전기, 소설과 같은 작품을 많이 읽는 것이 일차적으로 중요하다. 언어 영역이나 논술에서 고득점하기 위해서는 먼저 예민한 언어 감각을 가져야 한다. 언어 감각은 논리보다는 어린 시절 책이 주는 감동을 통해 배양된다. 미리 준비하고 계획을 세워 방학 동안 체계적으로 독서를 하는 것이 근본적인 해결책이다. 방학처럼 여유가 있을 때 온 가족이 함께 박물관이나 유적지 같은 곳을 방문하며 현장감 있으면서도 살아있는 지식을 얻는 것도 좋은 방법이다.

독서습관도 중요하다. 일반적으로 책은 천천히 읽어야 이해도가 높아지고 그 내용을 더 잘 기억할 수 있다고 말한다. 이는 잘못된 생각이다. 적정 속도를 유지할 때 문장과 문장의 유기적인 관계가 제대로 파악되고 그 글이 가지고 있는 특유의 분위기나 정서가 더 잘 느껴진다. 현행 언어영역 시험은 수험생의 언어감각과 직관력에 바탕한 작품 감상능력을 중시하는 문항들이 많이 출제되고 있다. 지문을 적정 속도로 읽어 내려갈 때 그 전체 내용과 정서를 제대로 파악할 수 있다.

평소 교과서를 공부할 때 한 과 전체를 몇 차례 빠른 속도로 통독하고 사전을 통해 잘 모르는 어휘를 찾아본 후에 글의 짜임새나 어휘 등을 차근차근 살펴보는 것이 좋다.

극도로 긴장하거나 불안한 마음 상태에서는 글을 읽어도 무슨 말인지 이해가 안 되고 머리만 어지러울 수 있다. 특히 예상보다 어렵다고 느껴질 때 위축되거나 두려워하지 말고 더욱 적극적이고 도전적인 자세로 부딪히는 훈련을 해야 한다. 자신감을 가지고 지문을 읽으면 내용 파악이 더 잘 된다. 무엇보다도 자신의 판단력을 스스로 신뢰하는 자세를 가지면 정답을 찾을 확률이 훨씬 높아진다. 언어영역과 논술을 동시에 해결할 수 있는 최선의 방법은 하나밖에 없다. 책을 읽고 사전 찾기를 생활화하자.

수학 선행학습의 문제점

　수학은 입시를 좌우하고 영어는 입사를 좌우한다는 말이 있다.

　어떤 의미에서 보면 입시 공부의 절반 가까운 노력이 수학에 바쳐진다고도 할 수 있다. 그러나 그렇게 많은 돈과 시간을 수학에 투자하고도 소기의 목적을 달성할 수 없는 이유에 대한 연구는 별로 없다. 선행학습 붐이 수많은 학생들로 하여금 수학에 대한 두려움을 갖게 하며 결국에는 수학을 포기하게 하는 원인이 될 수 있다는 점에 관한 본격적인 연구가 있을 법 한데 아직은 지적의 수준을 벗어나지 못하고 있다. 현장의 교사들과 입시전문가들은 조기진도가 소수의 학생에게는 효과가 있을 수 있지만, 절대 다수의 학생에게는 학습의욕을 떨어뜨리고 자칫하면 공부를 포기하게 하는 요인이 될 수 있다는 점을 지적한다. 조기진도는 교실붕괴의 주된 요인으로 작용하고 있다는 사실도 잘 알고 있다.

모든 교과가 다 그렇지만 특히 수학은 한 단원의 기본 개념을 완전히 이해하고 나서 그 다음 단계로 넘어가야 한다. 수학은 여러 단계를 거치는 과정에서 어느 한 부분만 소홀히 해도 만족할만한 성과를 거두기가 어렵다. 그러나 많은 수험생들이 자기 학년에서 배우고 있는 과정에 대한 철저한 이해와 충분한 연습 없이 다음 단계로 넘어간다. 충분한 이해와 성취감 없이 진도 나가기에만 급급하다보면 결국은 수학에 대한 흥미를 잃게 되고 모든 학습의욕을 상실하게 된다.

문제은행식으로 출제되는 모의고사에서는 고득점을 하는데 실제 시험에서 좋은 점수를 얻지 못하는 수험생 상당수가 조기 진도 때문에 기초 과정이 부실하다는 사실을 알 만한 사람은 다 안다.

수학 시험지만 받으면 가슴이 답답하고 사고가 마비될 정도로 심리적으로 위축되는 학생들 대부분이 기본 개념을 다지는 데는 충분한 시간을 바치지 않고, 진도 나가는 일과 문제풀이에 주로 시간을 바친다. 무엇이든 처음 배울 때 철저하게 이해하지 않으면 그 부분은 반복해서 틀릴 가능성이 높다. 우리는 지금 소수의 최우수 학생에게나 적용될 수 있는 선행학습에 목숨을 걸고 있다. 학부모는 진도를 빨리 나가는 것이 능사가 아니라는 사실을 알아야 한다. 아무리 쉬운 단원이라도 충분한 시간을 들여 깊이 있게 이해하고 연습하는 것이 중요하다. 음식도 학습도 이제 맹목적인 패스트에서 슬로우로 전환되어야 한다. 속도는 느림과 여유가 수반될 때 참다운 의미를 가진다.

영어 공부 제대로 하려면

"선생님 우리 아이 큰일 났어요. '고부간의 갈등'할 때 '고부'가 무슨 뜻인지 몰라 엄마한테 묻습니다. 고부의 뜻도 모르는 주제에 영어 공부는 해서 뭣 합니까?"

고3 아들의 언어와 영어 공부에 관해 상담을 하면서 어느 어머니가 한숨을 내쉬며 한 말이다. 요즘 아이들 상당수가 '고부 (姑婦)'가 시어머니와 며느리를 뜻한다는 것을 모른다고 설명하며, 그 집만의 문제가 아니기 때문에 너무 걱정하지 말라고 했다. 이어서 우리말 어휘력이 좋으면 영어도 수월하게 공부할 수 있으며, 우리말을 잘해야 영어도 잘 할 수 있다는 어머니의 말에 동의한다고 했다.

정부의 영어교육 실행 방향에 상관없이 영어 사교육은 이미 과열의 정도가 지나친 상태이다. 외국어는 일찍 배울수록 발음을 정확하게 할 수 있으며, 두 개 언어 동시구사(bilingual)를 훨씬 쉽게 성취할 수 있다는 말은 사실이다. 그러나 실용적인 측면에서 의사소통을 자연스럽게 하는 것과 고급스럽고 품위 있게 외국어를 구사하는 것 사이에는 질적으로 상당한 차이가 있다. 일상생활에서 우리는 수많은 사람들과 대화를 나눈다. 생활 주변의 가벼운 주제를 두고 이야기 할 때는 그렇게 말을 잘하지만, 조금 무거운 주제로 넘어가면 횡설수설하는 사람들이 많다. 말투는 다소 어눌하고 느리지만 동서양의 고전을 적절하게 인용하고 고사성어를 자연스럽게 구사하는 사람을 만나게 되는 경우를 생각해 보자. 교양의 깊이를 느낄 때 상대를 바라보는 우리의 표정과 자세는 달라진다.

외국인과 대화할 때 발음과 억양 등에서 원어민과 비슷해지기란 매우 어렵다. 이 점은 별로 걱정하지 않아도 된다. 상대방은 우리가 외국인이라는 전제하에서 대화를 한다. 요란스럽게 말하지만 어휘 구사가 부정확하고 다소 천박하다는 느낌을 주는 외국인을 생각해 보자. 다른 한편으로 어떤 주제를 두고 대화할 때 말은 느리고 발음은 별로 좋지 않지만, 우리의 대표적인 문학 작품들을 제대로 이해하고 활용하는 외국인도 생각해 보자. 누구에게 더 호감을 느끼겠는가.

영어시험을 치고 나면 상당수의 학생들이 해석은 되는데 틀렸다며 그 이유를 알고 싶어 한다. 십중팔구는 우리글에 대한 독해력이 부족하기 때문이다. 국어를 잘 해야 최고 수준의 영문을 이해할 수 있다. 모국어 모범 문장을 꾸준하게 많이 읽는 사람만이 외국어를 제대로, 잘 습득 할 수 있다.

수험생이 기다리는 고도

　노벨 문학상을 수상한 극작가 사무엘 베케트의 희곡 〈고도를 기다리며(Waiting For Godot)〉에서 주인공 블라디미르와 에스트라공은 나무만 한 그루 서 있는 시골길에서 고도를 기다린다. 그들이 기다리는 고도는 어떤 구체적인 대상이 아니다. 그럼에도 불구하고 그들은 하염없이 기다린다. '아무도 오지도, 가지도 않고, 아무 일도 일어나지 않고, 정말 끔찍하다.'라고 에스트라공은 푸념한다. 이 희곡의 축을 이루고 있는 것은 '기다림'이다. 고도는 어디에도 존재하지 않고 어디에도 존재한다.

　이 연극을 처음 봤을 때 많은 사람들이 고도는 신을 의미한다고 생각했다. 베케트는 그렇게 생각하지 말라고 했다. 미국의 어느 교도소에서 이 극을 공연했을 때 수감자들은 고도란 바로 바깥세상과 자유를 의미한다고 말했다. 식민지 시대의 관객에게는 조국해방을 의미 했을 것이고, 7, 80년대는 민주화가 고도였을 것이다. 고도는 구체적 대상이 아니기 때문에 관객이 처한 개인적 상황에 따라 달라진다. '고도를 기다리며'는 '무엇을' 기다리느냐보다는 '어떻게' 기다리느냐가 중요하다는 것을 암시하고 있다.

수능성적이 발표되면 수험생과 학부모는 여전히 답답하고 혼란스럽다. 이 모든 상황은 이미 예견된 것이다. 학생부, 수능, 대학별고사라는 입시의 3대 요소에 대해 이해 당사자 간의 생각이 다르기 때문이다. 이런 와중에서 죽어나는 것은 수험생과 학부모이다.

수능 성적표를 들고 있는 수험생과 학부모는 나무만 한 그루 달랑 서있는 황량한 무대에서 올지 안 올지도 모르는 고도를 밑도 끝도 없이 기다리는 두 주인공과 같다. 극중에서 블라디미르는 "사람들은 서서히 늙어가고, 하늘은 우리의 외침으로 가득하다. 그러나 습관은 우리의 귀를 틀어막는다."라고 절규한다. 무의미하고 부조리한 세계를 표현하는 명대사로 꼽힌다. 그렇다. 해마다 되풀이 되는 수험생들의 고통에 우리는 습관적으로 너무 무심하다.

수험생과 학부모가 지금 기다리는 것은 영혼을 구원해 주는 신이 아니다. 요행에 의한 합격도 아니다. 한 문제 실수 때문에 치명적인 손해를 보지 않는, 학생 자신이 가진 실력대로 대학에 갈 수 있는 예측 가능한 대입제도, 이것이 바로 그들이 기다리는 고도인 것이다. 그들의 충혈된 눈과 처절한 절규에 모두가 관심을 가져야 한다. 더 이상 수험생과 학부모를 부조리극의 주인공이 되게 해서는 안 된다.

왜 읽고 써야 하는가

《죄와 벌》이나 《카라마조프가의 형제들》같은 러시아 소설을 읽어 본 사람은 안다. 처음 백 쪽 정도까지 읽어 나가기가 얼마나 어려운가를. 라스꼴리니코프인지 라꼴리스코니프인지 아무리 반복해서 외워도 제대로 기억하기가 어렵다. 그 길고도 낯선 등장 인물들의 이름에 지쳐보지 않은 사람은 거의 없을 것이다. 정신을 바짝 차리고 생각하며 읽지 않으면 무슨 말인지도 알 수 없는 그 무거운 주제들이 주는 중압감은 또 얼마나 우리를 주눅 들게 하고 지치게 했던가. 그러나 처음 도입부를 지나 도도한 장강 같은 줄거리의 흐름에 완전히 몸을 담그게 되면, 그 때부터는 밤이 새도록 책을 놓을 수가 없었던 것도 우리는 기억한다.

오늘의 영상 매체는 시각과 청각에 직접 호소하며 모든 것을 생동감 있게 전달하기 때문에 거부하기 어려운 매력을 가지고 있다. 영상 매체는 모든 것을 속전속결로 해결 해 주기 때문에 사람을 지루하게 하지 않는 장점도 가지고 있다. 여기에 익숙한 아이들은 무엇을 진득하게 기다리지 못 한다. 요즘 아이들은 눈과 머리와 몸을 긴장하게 하는 긴 글 읽기를 견디지 못 한다. 이들은 독서 대신 컴퓨터를 검색한다. 이들은 정보의 쓰레기통을 뒤지며 권태로움을 해소하며, 검색으로 얻은 대부분 정보는 취사선택의 과정 없이 일회용으로 소비한 후 그냥 배설해 버린다.

많은 학자들이 영상 매체에 길들여지면 상상력이 고갈되고 창의력이 급격히 저하된다고 말한다. 이제 우리 사회는 영상매체가 활자매체를 압도하는 정도가 너무 지나쳐서 그 역기능을 더 이상 방치할 수 없는 지경에 이르게 되었다. 어떻게 할 것인가. 고전 작품을 인내하며 읽고, 명시를 음미하며 암송하는 행위 등 활자매체를 이용한 지적인 훈련을 통해 지고한 정신의 희열을 경험하게 해야 한다. 독서와 글쓰기는 상상력과 사고력의 지적 근육을 강화시켜 준다.

일본이 43년 만에 실시한 초중학생 학력평가에서 TV와 인터넷을 즐기는 학생의 성적이 좋지 않다는 결과를 발표한 것은 별로 놀랍지 않다. 중국이 왜 학생들에게 공자와 맹자를 암기하게 하고, 프랑스 지식인들이 왜 전국적인 초고속 인터넷을 반대하는지 생각해 보아야 한다. 지식기반 사회에서는 상상력과 직관력, 창의력을 가진 사람이 최후의 승자가 될 수 있다. 이런 능력을 배양할 수 있는 최고의 방법은 책읽기와 글쓰기를 생활화 하는 것이다.

제3장 부부가 함께

아이가 넘어졌을 때 혼자 툭 털고 일어날 수 있도록
도와주지 않고, 조심해서 걷지 않았다고 꾸중하는
것은 바람직하지 않다. 칭찬과 격려는 자신감을 회
복하고 도전적인 자세를 가지게 하는 최고의 특효약
이다. 자녀를 신나게 하는 부모는 현명하게 기다릴
줄 안다.

멘토를 찾아주자

　헬리콥트처럼 항상 자녀 주위를 맴돌면서 모든 일에 끊임없이 개입하고 간섭하는 헬리콥터형 부모가 한국에만 있는 것은 아니다. 미국 텍사스대 연구진이 대학생 자녀를 둔 미국 부모의 60%가 헬리콥트형 부모라는 설문조사 결과를 발표한 적이 있다. 저학년의 경우 훨씬 더 많을 것이다. 헬리콥터형 부모는 지나치게 애정표현을 하며, 자녀의 주장이나 고집에 쉽게 굴복할 뿐만 아니라, 나쁜 행동조차도 아무 생각 없이 수용하는 경향이 있다. 이런 부모 밑에서 성장한 아이들은 삶의 목표가 없고 참을성과 자기 통제력이 약하며 부모에게 의존적인 경향이 강하다.

　헬리콥터형에서 한 발 더 나아가면 자녀의 방에 감시 카메라까지 설치하여 자녀의 일거수일투족을 감시하는 감시 카메라형 부모가 되거나, 부모가 모든 일의 방향을 결정하여 강압적으로 몰아붙이는 불도저형이나 폭격기형 부모가 된다. 이런 부모들은 자녀의 ID와 비밀번호를 알아내어 E-mail 까지 훔쳐본다. 이런 부모 밑에서 성장한 자녀는 지나친 공격 성향이나 위축감, 좌절감과 적개심 등을 번갈아 보이는 경향이 있고 늘 불안해하며 심한 스트레스를 받는다.

자녀에게 등록금과 생활비만 보내주고 모든 것을 알아서 하라는 부모는 인공위성형 부모라고 부른다. 이런 부모는 필요한 것만 제공해 주고 외형상 무관심을 표방하며 인공위성처럼 멀리서 관찰한다. 자녀의 의견을 존중해 주고, 항상 자녀를 자랑스럽게 여기면서 스스로 알아서 행동하도록 도와주며, 자주 대화를 나누고 토론하는 부모를 컨설턴트형 부모라고 부른다. 이런 부모 밑에서 자란 자녀는 자신을 사랑하고 신뢰하면서 추구하는 일에 적극적인 관심과 흥미를 가지며 남에게도 관대하다.

자녀의 양육 방식에 따라 부모의 유형은 다양하게 분류될 수 있다. 문제는 어느 누구도 이상적인 컨설턴트형 부모가 되기는 어렵다는 것이다. 부모는 욕심이 앞서기 때문에 자기 아이를 냉정하게 객관적으로 판단하여 지도하기가 어렵다. 공자도 자식은 서로 교환하여 가르치는 것이 좋다고 했다. 자식에 대한 비정상적인 간섭과 욕심을 버리고 훌륭한 멘토를 찾아주는 것이 부모 자식 간의 불필요한 마찰과 갈등을 줄이는 방법이 될 수 있다.

버지니아 울프의 학습 방법

영화관에서 슬픈 장면이 계속 이어지자 앞좌석에 앉은 어느 아저씨가 남에게 들릴 정도로 훌쩍인다. 그 뒤엔 젊은 부부가 앉아 있다. 남자가 손가락으로 그 아저씨를 가리키며 여자에게 속삭인다. "좀 모자라는 바보 아냐? 사내가 영화를 보며 울다니." 영화를 보거나 책을 읽을 때 완전히 몰입하여 주인공과 함께 기뻐하고 슬퍼하는 사람이 바보인가, 적당한 거리를 두고 빠져들지 않는 사람이 바보인가. 결론부터 말하면 슬픈 장면을 보고 같이 슬퍼할 수 없는 사람은 정서적인 불구자라고 할 수 있다.

작가 버지니아 울프의 아버지는 캐임브리지 대학 출신으로 당대의 손꼽히는 지식인이었다. 그는 〈영국인명사전〉의 초대 편집장이었으며 다방면에 걸쳐 폭넓은 활동을 했다. 울프의 아버지는 날카롭고 명징하며 군더더기가 없는, 학문적으로 눈부신 성취를 이룩한 사람이었다. 그러나 루터번스타인 부부는 그들의 공저 〈생각의 탄생〉에서 울프의 아버지는 위대한 문학가가 되기 위해 끊임없이 노력했지만 남긴 것은 무미건조한 분석적 비평이 전부였다고 지적한다. 울프는 자기 아버지 스티븐을 분석·비평 능력과 창작능력이 일치되지 않은 불행한 지식인으로 평가했다. 울프의 아버지도 자신이 이류 지성인에 불과하다고 딸에게 고백하곤 했다. 울프는 아버지가 받은 캐임브리지의 교육은 두뇌만 집중적으로 사용하게 하여 정신은 불구로 만들어버렸다고 비판했다. 캐임브리지의 가혹한 교육은 음악, 미술, 연극, 여행 같은 여가활동에 심각한 결핍증을 가져왔고, 그 결과는 지적 편중과 좁은 시야였다는 것이다. 주입식 공부에 탁월한 능력을 발휘했던 울프의 아버지는 훗날 캐임브리지 대학의 교수가 된 후에도 학생들에게 항상 시험만 생각하고, 책에만 매달리며, 졸업할 때까지는 아무것도 즐기지 말라고 했다는 것이다. 그는 분석하고 종합하는 능력은 탁월했지만, 창작하고 창조하는 능력에서는 좌절감을 느낄 정도였다.

아버지보다는 훨씬 괄목할 만한 문학적 성취를 이룩했을 뿐만 아니라, 어느 작가보다도 모험적이고 창의적이었던 울프는 대학에 갈 수 없어 좌절감을 느끼기도 했지만, 집에서 독학하며 폭넓게 종합적인 방법으로 학습했다. 아버지를 통해 월터 스콧, 제인 오스틴, 윌리엄 셰익스피어 등의 고전 작품을 접했다. 그녀는 많은 시간을 자연사 박물관에서 보냈고, 잠들기 전에는 형제들과 함께 지어낸 이야기를 가족신문에 싣기도 했다. 울프는 책을 읽을 때 등장인물에게 완전히 감정이입 할 수 있었으며 종종 자신을 잊고 그들의 세계로 빠져들곤 했다. 극심한 경쟁 속에서 공부하며 편협한 분석능력만을 키운 아버지의 한계와 진부함을 뛰어넘을 수 있었던 이유는 모든 학습 경험이 몸을 통해서 직접적으로 이루어졌기 때문이다.

울프 부녀의 이야기는 오늘의 우리에게도 많은 것을 시사해 준다. 미래는 예민한 감수성과 창의력을 가진 사람이 최후의 승자가 되는 사회이다. 단편적인 지식을 맹목적으로 암기하는 것으로는 경쟁력이 없다. 어떤 일에 집중하고 몰입하며 깊게 젖어들어 온 몸으로 느낄 수 있는 감수성을 배양해야 한다. 영화관에서 울 수 있는 사람이 되어야 한다. 그런 사람이 창의력을 발휘할 수 있다.

긴장과 경쟁, 변화를 즐기자

    구시대의 부자들에게는 가진 재산을 잘 유지 · 보존하는 것이 일차적으로 중요한 일이었다. 그들은 자식들에게 근검과 절약을 실천하고 사치와 낭비를 경계하며 도박과 잡기를 멀리하도록 가르쳤다. 할아버지와 아버지의 가치관과 생활태도를 이어받아 현재 가지고 있는 토지와 재물을 굳건히 지키는 것이 최우선적인 미덕으로 권장되었다.

    전후 베이비 붐 세대는 온갖 고생 끝에 오늘의 안정된 삶을 획득하였다. 이들 역시 어린 시절 우러러 보았던 부자들과 마찬가지로 안정을 얻고 난 후에는 변화를 싫어하고 매사에 보수적인 입장을 취하는 경향을 나타낸다. 보수적인 태도는 급격한 변화와 위기 상황이 닥칠 때 잃는 것을 최소화할 수 있기 때문이다. 허리가 휘도록 일하여 얻은 땅과 피눈물 나는 노동으로 모은 원금을 온전히 보존하고 싶은 사람은 리스크가 따르는 모험을 하지 말아야 한다. 혹독한 격동의 세월이 이들로 하여금 변화를 두려워하고 거부하게 만든 것이다.

한없이 못 마땅하지만 우리를 무자비한 경쟁으로 내모는 신자유주의는 소수의 금융자산계층에게는 더욱 많은 기회를 제공하며, 승자독식이라는 정글의 법칙을 사회 전 분야로 확대 적용시키고 있다. 이런 시대적 상황에서 우리 자녀들은 옛날의 부모님들처럼 한 번 전력 질주한 후에 관리만하며 푹 쉴 수 있는 그런 삶을 살 수 없다. 부모들이 생각하고 갈망하는 그런 안정은 이제 없다. 어떤 일에서든 승리는 일시적이며 죽는 날까지 게임은 계속된다.

안정을 갈구하고 변화를 싫어하는 사람들은 과거는 항상 좋았으며 오늘과 내일은 늘 위태롭고 불안하다고 생각한다. 지나치게 안정을 강조하는 가정에서는 진취적이고 창의적인 자녀가 나오기 어렵다. 부모가 먼저 변해야 한다. 변화를 자연스럽게 받아들이면 삶의 미세한 결에서도 새로운 영감을 얻을 수 있고, 시행착오나 실수조차도 더 나은 발전을 위해 도움이 되는 과정으로 인정하게 된다. 순간의 성취에 일희일비하기 보다는 무엇을 추구해 나가는 과정 자체를 중시하도록 가르쳐야 한다. 일상생활에서 부딪히게 되는 다양한 도전을 위협적 측면보다는 기회로 생각하게 가르쳐야 한다. 긴장과 경쟁, 변화를 능동적으로 받아들이며 즐길 수 있도록 도와주어야 한다.

돋보기로 종이 태우기

　"엄마 때문에 미치겠어요. 방학이 아닌 때는 학원 한두 곳만 다니기로 했는데 지금은 언어, 수학, 영어 합쳐 다섯 군데 다니고 있어요. 평일에는 자율학습 마치고 늦은 밤에, 토일에도 오전, 오후 다 학원에 가야합니다. 학교 숙제는 말할 것도 없고, 학원 숙제도 할 시간이 없습니다. 일주일 내내 정신없이 엄마 차에 실려 여기저기 다니다보면 내가 뭘 하고 있는지 모르겠습니다. 엄마는 왜 그렇게 학원을 자주 바꾸는지 모르겠습니다. 동창회만 갔다 오면 다른 엄마의 말만 듣고 학원을 옮기자고 합니다. 중학교 때부터 지금까지 어떤 문제집이든지 끝까지 풀어본 것이 없어요. 제가 필요한 공부를 혼자 할 수 있는 시간이 있으면 좋겠습니다. 정말로 엄마 때문에 미치겠어요. 엄마를 좀 설득시켜 주세요."

　어느 고2 여학생의 절규에 가까운 푸념이다.

　우리 모두는 돋보기로 종이를 태워본 경험이 있다. 돋보기로 종이를 태우기 위해서는 무엇이 필요하며 어떻게 해야 하는가? 먼저 양질의 돋보기와 햇볕이 필요하다. 그 다음에는 빛을 한 곳에 모으기 위해 돋보기의 초점을 맞추어야 한다. 이 때 돋보기를 흔들리지 않게 하는 집중력과 종이에 불이 붙을 때까지 기다리는 인내심이 요구된다. 공부나 꿈의 실현도 이와 마찬가지다. 학생의 푸념을 돋보기로 종이 태우는 것에 견주어 보자.

먼저 돋보기의 성능은 대개가 비슷하다는 점을 강조하고 싶다. 특별하게 하자가 있는 불량품이 아니라면 제작사의 세속적 명성과 돋보기의 성능 사이에는 별로 상관관계가 없는 경우가 많다. 어떤 문제집, 어느 학원, 어느 선생이 더 좋은가 등은 매우 중요하지만 일정 기준에 이르면 큰 차이가 없다는 말이다. 다음으로 햇볕이 가장 강렬한 시간대에 빛을 모아야 한다. 밤 10시 이후 시간이나, 토일에 학원에 다니는 것은 흐린 날 종이 태우기와 같다. 우리는 아이들에게 밤낮 없이 빛을 모으라고 다그친다. 밤에 돋보기를 들고 빛을 모으려고 하는 학생의 모습을 상상해 보라. 이 어리석고 딱한 군상들이 바로 우리 아이들이란 점을 한 번 쯤 생각해 보자. 한낮 햇볕이 가장 강렬한 시간대에 초점을 잘 맞추어 집중적으로 빛을 모으고, 밤이나 흐린 날은 쉬어야 한다.

한 분야에 진득하게 전심전력하라는 말이다. 단일한 목표를 향해 일정기간 극도로 단순해 질 수 있는 사람, 필요한 시간대에 폭발적인 집중력을 발휘할 수 있는 사람만이 자신의 꿈을 이룰 수 있다.

미세한 차이가 자녀 교육을 좌우한다

　　많은 사람들이 자녀 교육에 성공한 집은 남다른 비법을 가지고 있고 엄마가 유달리 현명할 것이라고 생각한다. 그러나 아이들이 자기 일을 잘 알아서 하는 집과 그렇지 못한 집의 차이란 아주 작은데 있다. 자연 현상 뿐만 아니라 인간 사회의 많은 일들에서도 핵심적으로 중요한 작은 차이가 누적되면 엄청나게 다른 결과를 낳는 경우가 많다. 얼핏 보면 같아 보이는 것들 가운데서 결정적으로 중요한 미세한 차이를 제대로 파악할 수 있다면, 우리가 도모하는 많은 일에서 남다른 성취를 이룰 수 있다.

■ 인간과 침팬지

　　캘리포니아 대학의 제레드 다이아몬드교수는 그의 저서 《제3의 침팬지》에서는 비록 작지만 의미 있는 차이가 무엇인가에 대해 많은 생각을 하게 해 준다. 그는 이 책에서 다른 동물과 비교할 때 인간은 아주 특별한 존재처럼 여겨지지만, 실제로는 침팬

지의 일종에 불과하다고 주장한다. 그는 침팬지에 이어 인간을
제3의 침팬지로 분류하면서 그 이유를 DNA의 분석에서 찾았다.
인간과 침팬지는 DNA 즉 유전형질의 98.4%가 같은 모습과 특
성을 가지고 있고, 차이는 1.6%이하에 불과하다는 것이다. 침팬
지와 고릴라 사이보다는 침팬지와 인간이 더 가깝다. 그럼에도
불구하고 인간이 다른 영장류와 그렇게 다르고 또 훨씬 우월할
수 있는 이유는 언어능력 때문이라는 것이다. 인간은 정교한 언
어를 향유하게 되면서 새로운 사물을 발명하고 인생과 예술을 논
하며 즐길 수 있게 되었다.

■ 자신감과 적극성

숫자놀음에 길들여져 있는 사람들은 "천재는 99%의 노력과
1%의 영감으로 이루어진다."라는 말을 즐겨 인용한다. 그러나
99%의 노력을 수없이 되풀이해도 1%의 영감(천재성)이 없으면
천재가 될 수 없다.

사람을 몰아붙이기 위해 이 말을 사용해서는 안 된다. "천재
도 노력하지 않으면 천재성을 발휘할 수 없다. 하물며 보통 사람
이 노력을 게을리 해서야 무엇을 이룰 수 있겠는가"라는 의미로
사용할 때 설득력을 가지게 된다.

많은 학생들이 다른 학생과 지능지수도 비슷하고 학습량도
90% 이상 비슷한데 왜 성적의 차이가 나는지에 대해 의아해 한
다. 그 학생은 결정적으로 중요한 1%에 해당되는 '자신감과 적극
성'이 결여되어 있기 때문이다.

■ 남편의 역할

40대 이상의 남편들 중에 상당수는 아내에게 필요한 모든 것을 다해주었는데 왜 다른 집처럼 자식 관리 하나 제대로 하지 못하느냐고 불평을 한다. 그들은 때로 확신에 찬 어조로 자신은 바깥에서 온갖 수모를 감수하면서도 가족들을 위해 모든 것을 다 바쳤다고 열변을 토한다. 가족에게 필요한 100가지 중에 99가지는 남보다 잘해 준다고 생각한다. 그러나 그 99가지는 남들도 기본적으로 다 잘하려고 노력하는 것이기 때문에 크게 내세울 것이 못 된다. 언어능력이 포함되는 '유의미한 1.6%의 작은 차이'가 '상대적으로 무의미한 98.4%의 같음'보다 훨씬 중요한 의미를 가지듯이 자녀교육에서 가장 중요한 한 가지가 무엇인지를 알아야 한다.

많은 남편들이 가장 중요한 한 가지를 모르거나 무시하려 한다. '아내의 수고를 인정하고, 아내의 어려움에 공감하려 애쓰며, 자녀들 앞에서 엄마의 권위를 세워주는' 이 기본적인 사항, 마음만 먹으면 언제라도 가능한 이 한 가지가 얼마나 결정적으로 중요한 것인지를 모른다. 공부를 잘하고 못하고를 떠나 아이들이 바르게 커가는 가정은 부부가 서로 존중한다. 때로 다투지만 극단으로 몰아가지 않으며 언제라도 제자리로 돌아갈 수 있는 여지를 남겨둔다. 어떤 가정이라도 지금보다 더 좋아질 수 있는 가능성은 항상 있다. 중요한 것은 부부가 서로 머리를 맞대고 지금까지의 행동을 돌이켜 보며 바람직한 자녀 교육을 위해 함께 대화하며 길을 찾는 것이다.

'고3 병'의 예방과 치료

　　시험만 다가오면 가슴의 통증이나 두통을 호소하는 수험생들이 많다. 이런 증상은 날이 따뜻해지는 4월 중순경부터 본격적으로 나타난다. 학생과 유사한 고통을 호소하는 부모들도 늘고 있다. 소위 말하는 '고3 병'과 그들의 어머니가 앓는 '고3 어머니 병'은 현재로서는 완전한 치료가 불가능하며, 이제 이 병은 학년에 관계없이 초등학교 학생에게도 나타나고 있다. 현행 입시 제도와 학력을 중시하는 사회적 풍토가 이 병의 근본 원인이다. 병의 원인에 대한 근본적인 대책이 없는 한 수험생과 그들의 어머니는 앞으로도 계속해서 이 병을 앓게 될 것이다.

　　해마다 여러 기관의 전문가들로부터 이 병에 대한 다양한 예방책과 치료법이 쏟아져 나오고 있지만, 그 어느 것도 임시방편에 불과하다. 그 해결책은 과연 없는 것일까? 역설의 지혜가 필요하다. 이 땅의 모든 수험생과 어머니는 정도의 차이만 있을 뿐이지 누구나 이 병을 앓고 있다는 사실의 인식이 이 병을 치료하는 출발점이 된다. 이런 증상을 병으로 인식하기보다는 삶의 한 과정으로 자연스럽게 받아들이려는 자세가 필요하다는 말이다. 뜻하는 바를 성취하기 위해서는 이 정도의 고통은 당연하다고 생각해야 한다.

'고3 병'과 '고3 어머니 병'은 어느 한 쪽의 증세가 심해지면 다른 한 쪽의 증세도 동시에 악화된다. 반면에 어느 한 쪽이 좋아지면 상대도 즉시 좋아진다. 그러므로 이 병의 예방과 치료를 위해서는 각자의 노력과 더불어 상대에 대한 이해와 배려, 신뢰와 사랑이 무엇보다도 중요하다.

■ '고3 병'의 원인

많은 사람들이 '고3 병'은 수면 부족과 과로 때문에 온다고 생각한다. 부분적으로는 맞는 말이다. 그러나 오래 동안 수험생을 지도해 본 사람이면 근본 원인이 다른 곳에 있다는 사실을 안다. '고3 병'은 육체의 피로보다는 공부가 뜻대로 되지 않고 기대하는 성적 향상이 제때에 일어나지 않은 데서 오는 심리적 불안이나 좌절감이 주된 원인이다.

대부분의 수험생들은 학교나 학원에서 자율학습을 하다가 자정 무렵에 집으로 돌아온다. 현관에 들어설 때의 지친 모습은 보는 사람으로 하여금 연민의 정을 자아내게 하며, 동시에 가슴 뿌듯한 자부심을 느끼게 한다. 그러나 가정에서는 그들의 실제 모습을 볼 수 있어야 한다. 만약에 학생이 심한 피로의 기색을 보이면 그 날 하루를 알차게 보내지 못했다고 생각하면 된다. 그날 공부가 잘 되었고 계획한 분량을 독파했다면 활기가 넘치고 몸놀림이 가벼울 것이다. 학생이 현관에 들어오는 순간 극도로 지친 표정을 짓는다면 그 날 하루를 잘못 보냈을 가능성이 높다. 공부가 잘 안 되어 잡념에 빠져 시간을 낭비했거나 바르지 못한 자세로 책상에 엎드려 있었기 때문에 귀가 후에도 계속 피곤한 것이다. 아니면 부모님이 다른 질문을 하지 못하도록 선제공격을 하려는 의도에서 지친 표정을 짓거나 화를 내게 된다.

상당수의 수험생과 학부모는 서로에게 진실하지 않다. 부모는 자녀가 학교에 있는 시간 내내 공부를 했다고 생각한다. 그렇게 생각하고 싶어 한다. 학생 자신도 이 문제를 어정쩡하게 넘기는 경우가 많다. 간섭과 잔소리, 꼬치꼬치 캐묻는 것이 귀찮기 때문에 몰두해서 공부하지 않았어도 공부한 척하고 그냥 넘어가 버린다. 그러나 마음은 편하지 않다. 계속해서 이런 날들이 이어지면 머리가 무겁고 가슴이 답답해진다.

■ 예방과 치료

성취감은 '고3 병'의 예방과 치료에 가장 중요한 요소가 된다. 할 수 있는 만큼의 계획을 세워 반드시 실천하고 그에 따른 성취감이 누적되면 생활이 즐겁게 된다. 생활이 즐거우면 고3 병은 절로 사라진다. 하는 일에 신명이 나면 어려움을 기꺼이 참을 수 있고, 잠을 적게 자도 별로 피로를 느끼지 않게 된다. 어른 아이 할 것 없이 하는 일이 즐거우면 육체적으로 다소 무리를 해도 그렇게 피로를 느끼지 않는다. 고3의 나이에는 더욱 그렇다. 수험생은 이러한 사실을 직시하고 변명을 한다거나 핑계거리를 찾으려고 해서는 안 된다. 수험생활 전반에 대해 낙관하며 모든 일에 대한 결단은 본인이 하는 것이고 그에 대한 책임도 자신이 지겠다는 자세를 가져야 한다.

일반적으로 학생을 보면 가정의 분위기를 알 수 있다. 부모가 극성스러울 때 자녀가 소심해지는 경향이 있다. 평소에는 잘하다가도 큰 시험에 성적이 좋지 않는 수험생 뒤에는 부모의 만성적인 잔소리가 있는 경우가 많다. 어떻게 할 것인가. 부모는 무엇보다도 자녀를 믿어야 한다. 모든 것을 믿고 맡긴다는 자세를 보여줄 때 수험생은 더욱 의젓해지고 강한 책임감을 가지게 된다.

부모는 다소 못 마땅하더라도 자녀를 다른 집 아이와 비교하는 일이 없도록 주의해야 한다. 어른 아이 할 것 없이 모든 사람들이 가장 싫어하는 것은 남과 비교하는 것이다. 내 아이는 내 아이만의 장점을 갖고 있다는 점을 인정하고, 가능한 한 칭찬을 많이 해 주어야 한다. 천재를 만드는 최고의 비법은 칭찬과 격려라는 사실을 늘 기억해야 한다.

한 번 성적이 좋지 않다고 해서 이를 평소의 생활 태도와 관련지어 나무라서는 안 된다. 다음에 반드시 만회해야 함을 지나치게 강조해서도 안 된다. 수험생 앞에서 다음에 성적이 오르지 않을 수도 있다는 우려를 나타내 보여서도 안 된다. 가만히 지켜보고 있으면 제자리를 찾을 수 있는데 안달하고 다그쳐서 일을 그르치는 경우가 많다.

■ 정서적 공감대

우리 주변에 고3은 황제이고 부모는 몸종인 집이 많다. 많은 고3 어머니들이 모든 일정을 자녀의 시간에 맞춘다. 그리고 스스로 자녀를 위해 모든 것을 바치고 있다고 확신한다. 그러다가 자녀가 기대만큼 못하게 되면 배신감을 느끼거나 심한 우울증에 빠지기도 한다. 대부분 수험생들은 부모가 하루 종일 자신만 지켜보고 있는 것을 좋아하지 않는다. 가능하면 그냥 내버려두길 원한다. 부모가 극성일수록 자녀는 신경질적으로 되거나 소심해지기 쉽다.

부모는, 특히 어머니는 자신의 행복을 추구하도록 노력해야 한다. 부모가 자신의 일이나 취미에 몰두할 때 자녀들은 부모를 긍정적으로 생각하며 존경한다. 부모 자식 사이에 관계가 좋고 대화가 많은 집일수록 상호간에 독립성을 존중하는 경향이 높고 각자의 일에 몰두한다.

부모와 자녀는 각자의 권리와 의무를 따지고 강요하기에 앞서 가족애에 바탕한 정서적 공감대를 형성해야 한다. 생활의 활력과 자신감이 떨어지고 시험을 못 친 경우 등 시련과 좌절의 순간일수록 가족의 따뜻한 위로와 격려는 힘을 발휘한다. 시험이 끝나는 주말에 산이나 바다로 짧은 여행을 떠나보면 많은 것을 느끼고 새 힘을 얻을 수 있다.

언어폭력

　과잉 체벌 문제가 지속적인 사회적 이슈로 부각되면서 자녀를 둔 부모들이 착잡해 하고 있다. 그러나 체벌은 청소년들에게 가해지는 수많은 폭력 중 빙산의 일각에 불과하다는 사실을 떠올려 보는 사람은 별로 많지 않다. 폭력은 한 개인의 인격을 파괴한다. 폭력 앞에서 가해자는 자신도 모르게 더욱 잔인한 수법을 사용하게 되고, 피해자는 인간이 가져야 하는 최소한의 품위나 존엄성을 유지할 수 없기 때문에 결국은 둘 다 인간이기를 포기하는 지경에 이르게 된다. 그래서 문명사회에서는 고문을 반인간적인 범죄 행위로 금지하는 것이다.

　물리적 폭력은 증거가 확실하게 남기 때문에 책임을 분명하게 물을 수 있다. 그러나 언어폭력은 치밀하게 문제를 제기하지 않으면 그 피해 상황을 구체적으로 밝히기가 어렵다. 따라서 물리적 체벌에 분개하는 사람들은 언어폭력에 대해서도 당연히 그 문제점을 제기해야 한다. 생각해보자. 일정 시간이 지나면 원상 회복이 가능한 일시적인 신체의 손상과 언어폭력으로 영혼 깊숙이 상처를 받아 생긴 심한 열등감 중 어느 쪽이 더 치명상인가를. 지속적인 언어폭력은 아이들의 상상력과 직관력을 마비시키고 자율적인 학습의지를 꺾어버리며 세상에 대해 적개심을 품게 한다.

늘 자존심의 손상을 받으며 자라는 아이는 자신이 별 볼일 없는 인간이라고 생각하기 쉽다. 스스로 못났다고 생각하기 때문에 어떤 일에서든 자신감을 가지기 어렵고 매사에 수동적인 자세를 취하게 된다. 끊임없이 남과 비교되는 언어폭력 속에서 자란 아이는 더불어 행복할 수 있는 방법을 찾기보다는 비정상적인 경쟁심을 가지기가 쉽다. 그런 아이는 남의 눈을 속이기 쉽고 속 깊은 내용보다는 형식과 겉모습을 중시하는 경향이 있다.

청소년들에게 가해지는 언어폭력은 가장 가까이 있는 사람, 특히 부모가 가해자인 경우가 많다. 상당수의 부모들은 혹독한 질책과 별 생각 없이 내뱉는 비난이 학생의 온갖 가능성을 파괴해 버릴 수도 있다는 사실을 심각하게 의식하지 않는다. 부모나 교사는 어떤 경우에도 아이들을 불안하게 하거나 위기의식을 조장해서는 안 된다. 불안감이나 위기의식의 조장만큼 심각한 언어폭력은 없다. 불안감은 인간의 모든 잠재능력을 파괴하고 영혼을 병들게 한다.

과장된 성공담

잘 차려입은 중년의 부인이 아들과 함께 자리에 앉는다.

"선생님 앞에서 약속해라. 이제부터는 TV와 컴퓨터는 끊고, 잠은 4시간 이하로 자고, 일요일에는 농구하러 가지 않고, 시험 칠 때까지는 친구도 끊겠다고."

상담자인 필자를 바라보며 숨 쉴 틈도 없이 다시 주문한다.

"선생님, 이 애가 오늘 정신이 번쩍 들도록 좀 꾸짖어 주시고 마음을 다잡아 주세요. 애는 정말 게으릅니다. 머리는 좋은데 운동과 친구를 너무 좋아해요. 지금처럼 살면 절대로 대학에 갈 수 없고, 인생이 끝장난다는 것을 좀 확인시켜주세요. 초등학교 때 얘보다 못했던 제 친구 아이는 고등학교 가서 펄펄 날다가 이번에 서울대 의대에 갔어요. 걔는 공부 밖에 몰라요. 3년 내내 단 하루도 4시간 이상 잔 적이 없데요. 과외도 안 받고, 학원도 거의 안 다녔데요. 정말 속상해 죽겠어요."

묘한 표정으로 어머니의 이야기를 듣고 나서 아이의 이름과 어느 학교에 다니는지 등의 기본 사항을 짤막하게 묻는다. 아이를 똑 바로 바라보며 확신에 찬 어조로 말해 준다. "참 영리하게 보이고 잘 생겼구나. 공부라는 것이 별 것 있나. 그냥 하면 되지. 3학년 올라가면 잠은 반드시 6시간 이상 자야한다. TV와 컴퓨터는 주말에 즐기는 것이 좋겠구나. 일요일에는 몇 시간 운동하며 땀을 쫙 빼고 목욕하면 기분이 좋아질거야. 산 좋아하니? 한 달에 한두 번 산에 올라가보면 아주 머리가 맑아질거야. 지금까지 운동하고 논 것이 너에게는 재산이다. 열심히 운동하고 놀아 본 학생이 공부도 잘 한단다." 어머니는 자신이 제기한 문제점과 해결 방향에 상담자가 강하게 동조해 주며 아이를 다그쳐주길 기대했기 때문에 실망한 기색이 역력하다. 아이는 어머니의 요구와는 전혀 다른 이야기에 놀라며 표정이 밝아진다.

성공한 사람의 성공담은 과장되기가 싶고, 한 다리 건널 때마다 살이 붙어 엉뚱하고 황당한 신화가 되는 경향이 있다. 성공한 사람은 왜 항상 근면과 성실, 극기로 일관된 삶을 살며 수도자처럼 살아야 하는가. 우리 사회의 성공담은 너무나 판에 박힌 전형성을 가진다. 문학으로 치면 상징과 함축이 빈약한, 밋밋하고 재미없는 평면적인 작품이다. 성공하는 사람들은 최종적인 목표에 도달하는 전 과정을 즐길 줄 안다. 입시공부도 마찬가지이다. 열정적으로 집중하고 몰입하되 계획한 공부를 한 단락 매조지 하고 나면 푹 쉬며 여유를 가지는 학생이 성공할 확률이 훨씬 높다.

교육에서의 소외

　인간소외란 자유로운 존재로서의 인간, 주체로서의 인간이 객체로 전락하게 되는 현상을 말한다. 원시인들은 어떤 물건을 만들 때 재료를 구하고 다듬는 일에서 완제품이 나오기까지의 모든 단계에 주체적으로 관여했다. 한없이 힘들고 어려운 과정이지만 작업이 끝났을 때 창조의 기쁨을 만끽할 수 있었고, 가슴에는 성취의 환희와 희열이 넘쳤다. 산업혁명 이후 분업이 가속화 되면서 인간은 거대한 공장에서 하나의 부분품으로 전락하게 되었다. 자동차 조립공장에서 어느 특정 부품의 조립만을 담당하고 있는 노동자는 노동의 과정이 단순 반복 작업이기 때문에 일이 지루할 뿐만 아니라 완제품이 나와도 자신이 그것을 다 만들었다는 창조의 기쁨을 느끼지 못할 수 있다. 창조의 주체인 인간이 거대한 조립공장의 부품 즉, 객체로 전락하게 되는 것이 바로 노동의 소외이다.

　교육에서 소외란 무엇인가? 학생의 입장에서 생각해 보자.

자신의 주체적인 결단으로 수업에 참여하고 공부하면서 능동적으로 무엇인가를 깨우칠 때, 힘은 들지만 가슴 뿌듯한 자부심과 성장의 기쁨을 맛보게 된다. 우리의 현실은 어떠한가. 교육이 과열되면서 학습의 주체인 학생보다도 객체라 할 수 있는 부모님과 선생님이 더 극성스럽다고 할 수 있다. 학습의 주체인 학생이 부모님과 학교가 바라는 목표를 달성하기 위한 수단, 즉 객체로 전락하게 된 것이다.

부모의 한을 풀기 위해 맹목적으로 자식을 몰아붙인다거나, 학생 개개인의 성향과 취향은 무시한 채 획일적인 방법을 강요할 때, 주객이 전도되는 소외가 교육현장에서 발생한다. 일요일에 늦잠을 좀 자고 싶지만 부모님의 잔소리가 싫어서, 가정의 평화를 위해 할 수 없이 독서실이나 도서관에 나가야하는 경우를 생각해 보자. 이 학생은 부모님의 눈에 띄지 않는 곳에서 공부에는 몰두하지 않고 엎드려 졸거나 딴전을 부릴 가능성이 높다. 타의에 의해 행동할 때 공부든 일이든 즐거울 리가 없고 생산성이 있을 수가 없다.

어떻게 해야 할 것인가? 부모와 교사는 분위기를 조성해 주고 적절한 조언을 해 주되 최종적인 선택과 결정은 학생 스스로 하도록 도와주어야 한다. 이 때 인내심과 기다리는 지혜가 필요하다. 조급하게 모든 것을 해결하려 할 때 학생은 반항하는 경향이 있다. 학생도 누굴 위해 공부를 해 준다는 생각을 버려야 한다. 하기 싫지만 부모님이나 선생님을 위해 할 수 없이 책상 앞에 앉아 있어 준다고 생각할 때 많은 문제가 발생한다.

착한 아이가 위험하다

상담하러 오는 많은 학부모들이 자기 자녀는 착하다고 자랑한다. 아이가 부모의 뜻을 거역하거나, 부모의 기대를 저버린 적이 한 번도 없다고 말하는 부모도 많다. 이런 경우 경험 있는 상담자는 그 집 아이가 부모의 기대대로 연기를 하느라 엄청나게 스트레스를 받고 있다는 사실을 안다. 겉보기에 문제가 없고 착하게 생활하고 있기 때문에 아이가 오히려 더 힘들 수 있다고 말해 주지만 대부분의 부모는 이 사실을 받아들이려고 하지 않는다. 상당수의 아이들은 부모의 너무 높은 기대치 때문에 심한 스트레스를 받고 있다. 부모가 원하는 착한 아이, 공부를 열심히 하는 모범생이 되기 위해 자신의 욕망을 억제하며, 그렇게 되려고 애처롭게 노력하는 자신이 진정한 자기라고 착각하기도 한다. 문제는 착한 아이가 갑자기 반항하고 애를 먹이기 시작하면 속수무책이라는 점이다. 그 때서야 부모는 내 아이를 너무 모른 대가를 혹독하게 치르게 된다.

아이는 아이다워야 한다. 놀고 싶을 때 놀아야 하고, 화가 나면 분노를 터뜨려야 하며, 슬프면 울 수 있어야 한다. 착한 아이, 어른 같이 의젓한 아이가 되기 위해 건강한 욕망과 충동을 억누르며 가면을 쓰고, 그것이 진정한 자아라고 스스로에게 강요할 때 많은 문제가 발생한다. 이런 아이는 내면에 폭발물을 축적하는 것과 같다. 융은 "정신적으로 건강한 사람은 자기가 가면을 쓴 채 연기를 하고 있다는 사실을 잘 알고 있지만, 정신적으로 건강하지 못한 사람은 자기가 연기하고 있는 사람이 곧 자기 자신이라고 생각한다."라고 말한다. 또한 그는 정신적으로 건강한 사람은 타인만 속이는데 정신적으로 건강하지 못한 사람은 자기 자신마저 속이게 된다고 지적한다.

과열된 교육열기 속에서 대부분 부모는 자녀 양육의 최우선 목표를 공부 잘하는 아이, 말 잘 듣는 착한 아이에 초점을 맞춘다. 무력한 아이들은 무조건 부모의 지시를 따르며 모든 것을 억누른다. 그러다가 어느 시점에서 누적된 불만과 스트레스가 폭발한다. 청소년기는 짧지만 한 평생은 길며, 청소년기의 정신 건강은 일생을 좌우한다. 아이는 아이답게 자라야 한다.

가상세계에 갇힌 아이들

컴퓨터 때문에 심각한 위기를 느낀다는 가정이 늘어나고 있다. 아이들이 컴퓨터에 몰두하고 있을 때는 주변 어느 누구의 말도 귀에 들리지 않고, 그 어떤 충고의 말이나 꾸중도 아무 소용이 없다는 것이다. 밥은 굶어도 괜찮지만 일정 시간 컴퓨터 앞에서 보내지 않으면 견딜 수 없는 아이들이 급격히 늘어나고 있다.

무엇을 좋아하는 정도가 도를 넘어 그것이 만든 가상세계로 현실을 대체해 버리고 스스로 그 안에 갇히는 사람들을 일본어로 '오타쿠'라고 한다. 그들은 구체적인 삶의 현실은 뒤로 한 채 만화, 비디오게임, 아이돌 스타, 인형 모으기, TV보기 등과 같은 특정 생활에 병적으로 집착하며, 자신만의 가상세계에 몰두한다. 일본에서 오래 생활한 프랑스 기자 에티엔 바랄이 쓴 《오타쿠-가상세계의 아이들》은 컴퓨터 문제로 고민하는 우리 부모들이 한 번 읽어볼 만한 책으로 우리에게 많은 것을 시사해 준다.

저자는 '공부하라, 일하라, 소비하라' 란 절대명령이 일본 사회를 지배하고 있다고 지적한다. 그는 표면적인 안락함에도 불구하고 냉혹한 경쟁에 직면해야 하는 많은 젊은이들이 어른들의 생산사회에 들어가는 대신 가상의 세계나 유년의 놀이문화에 남기를 택한다고 분석한다. 심리적 퇴화 또는 자폐 증상에 가까운 오타쿠는 일본 사회의 모순이 빚어낸 희생자이자 이탈자라는 것이다. 그것은 개인보다 집단의 이익을 앞세우는 일본정신과 억압적인 학교 교육에 학대당한 젊은이들이 스스로 선택한 생존방식이라는 것이다. 저자는 '튀어나온 못은 두들겨야 한다' 라는 일본 속담을 상기시키며 '튀어나온 못' 의 고뇌와 고통은 외면한 채 그냥 돌출부를 두드려 박아 넣으려는 피상적인 조치는 근본적인 해결책이 될 수 없다고 강조한다.

컴퓨터 때문에 무조건 화를 내거나, 충분한 설명 없이 컴퓨터를 금지시키는 등의 조치는 문제 해결에 별로 도움이 안 된다. 그들이 안고 있는 문제를 그들의 입장에서 접근해야 한다. 무조건적인 억압과 맹목적인 강요로 튀어나온 못을 임시방편으로 박아 넣으려고만 한다면, 아이들은 더욱 말문을 닫고 자기만의 폐쇄된 세계로 들어가 버리는 경향이 있다. 어른이 진실한 마음으로 먼저 가슴을 열어야 아이도 마음의 문을 열 것이다.

마음의 감옥

고2 학생과 엄마가 상담을 하러 왔다. 열심히 공부 하는데 성적이 좋지 않아 도움을 구하러왔다고 했다. 학습 습관을 하나씩 물어보며 문제점을 검토하기로 했다. 학생은 어떤 문제를 스스로 만족할 때까지 철저하게 정리하지 않으면 다음 단계로 넘어갈 수 없다고 했다. 이런 학습 태도 때문에 항상 공부할 시간이 모자라는 것이 최대의 고민이라고 했다. 시험을 칠 때도 한 문제에 너무 오래 시간을 끌다가 다른 문제를 놓치는 경우가 많다고 했다. 그렇다면 철저하게 공부한 부분은 다 맞느냐고 물어보았다. 그렇지 않다고 했다.

학생의 엄마에게 아들이 왜 이런 습관을 가지게 되었는지를 아느냐고 물었다. 이유를 알 수 없다고 했다. 어린 시절 매사에 철저해야 함을 좀 지나치게 강조하지는 않았느냐고 물었다. 한참을 생각하더니 그랬던 것 같다고 했다. 학생에게 왜 그런 생각을 가지게 되었는지를 생각해 보라고 했다. 초등학교 2학년 때 수학 학습지를 풀면서 계산 실수로 답이 틀리는 경우가 많았는데, 그 때 어머니가 아는 문제를 틀린다는 것은 있을 수 없는 일이라며 한 문제를 풀고 나서 즉시 다시 검산한 후 다음 문제로 넘어가라고 했다는 것이다. 그 때부터 어떤 문제든 맞다는 확신이 들 때까지 계속 검산하고 확인하는 습관을 가지게 되었다는 것이다. 무엇을 암기할 때도 그런 자세를 유지했다. 한 페이지를 다 암기해야 다음 페이지로 넘어갈 수 있다고 했다. 그런데 한 페이지를 다 암기하는 데는 시간이 너무 많이 걸리는 것이 문제라고 했다. 이 학생은 매사에 '완벽'해야 한다는 강박 관념에 사로 잡혀 있었다. 프랑스의 철학자 에밀 샤르티에는 "당신이 단 하나의 생각만 가지고 있을 때가 가장 위험하다."라고 했다.

치료를 시작했다. 사회문화 교과서를 1~50쪽까지 공부하기로 했다. 전에는 무조건 처음부터 외워나갔지만 이번에는 외우지 말고 그냥 소설을 읽듯이 전체 문맥을 생각하며 가볍게 읽어나가라고 했다. 중요하다고 생각하는 곳에 밑줄만 치고 넘어 가라고 했다. 천천히 정독하는데 한 시간 반이 걸렸다. 잠시 쉬게 한 후 다른 과목을 같은 방법으로 공부하게 했다. 이틀 뒤에 국사 교과서를 내놓고 전에 공부한 내용을 다시 읽게 했다. 이번에는 한 시간이 걸렸다. 그 다음에는 전처럼 다른 과목을 공부하게 했다. 이틀 뒤에 또다시 읽게 했다. 세 번째는 밑줄 쳤던 주요 부분을 암기하라고 했다. 그런 다음 그 범위에서 출제한 30문항을 시험 치게 했다. 단 한 문제만 틀리고 다 맞았다. 한 술 밥에 배부를 수 없듯이 무엇을 단번에 암기하거나 다 이해할 수 없다는 점을 실제 학습 과정을 통해 구체적으로 깨닫게 해 주었다. 전에는 하루 저녁 내내 한 과목만 붙잡고 지치도록 외웠다고 했다. 그 때는 공부가 두려웠다고 했다. 어떤 과목이든지 먼저 이해한 후 암기해야 한다.

부모와 자녀는 서로를 가두고 있는 어떤 '마음의 감옥'이 없는지를 살펴볼 필요가 있다. 대부분 사람들은 자신의 문제를 남에게 털어놓고 상담 받는 것을 몹시 싫어하는 경향이 있다. 감옥에 갇힌 사람은 적극적인 사고나 능동적으로 행동할 수 없고 일이나 학습에서 생산성이 없다. 사람을 가두는 감옥은 잘못된 습관을 말한다. 어린이의 마음으로 늘 가슴과 귀를 열어놓는 사람은 아집이나 독선의 감옥에 갇힐 위험이 낮다. 자기 자신을 옥죄는 마음의 감옥에서 벗어나기 위해서는 주기적으로 자신의 생활 습관, 생각하는 방법, 신념 체계 등을 점검해 보아야 한다. 가장 좋은 점검 방법은 전문가와 대화를 나누며 자신을 객관화 시켜보는 것이다. 자신의 문제를 남에게 털어 놓는 것을 두려워해서는 안 된다. 상담 왔던 그 학생은 완벽주의의 감옥에서 벗어났고 그 해 원하는 대학에 입학했다.

수퍼맘 전성시대

　보보스(bobos)는 미국의 저널리스트인 데이비드 브룩스가 그의 저서《보보스 인 파라다이스(BOBOS in paradise)》에서 부르조아(Bourgeois)와 보헤미안(Bohemian)을 결합하여 처음 소개한 합성어이다. 그의 저서를 읽어보면 미국 중산층 부모들이 자녀교육에 얼마나 열정적으로 투자하고 있는가를 구체적으로 알 수 있다. 미국 중산층 수퍼맘(supermom)들은 분만실에서 직접 아이의 탯줄을 자르며, 출생 순간부터 치밀한 계획에 따라 자녀를 양육한다. 중산층 가정은 행복하고 성공한 아이들을 만들어내는 공장이다. 성공한 자녀들을 길러내는 부모는 기업의 전문 경영인과 같다. 부모는 얼마나 자녀들을 잘 뒷바라지 해 주는 가로 자신을 평가한다. 부모는 자녀들의 즐거움에 초점을 맞춰 휴가를 계획한다. 골프, 사교생활, 독서, 심지어 성생활도 아이들을 위해 포기한다. 이들은 자녀교육에 목숨을 걸다시피 하고 있다. 브룩스가 지적하는 이런 내용들이 이제 우리에게 별로 생소하게 들리지 않는다. 우리의 중산층도 이미 그 길을 가고 있기 때문이다.

어느 브랜드마케팅연구소가 중산층 아줌마들을 상대로 실시한 설문조사 보고서를 발표하면서 "이제 아줌마는 정보수집의 주체이자 의사결정권자로 '패밀리 비즈니스'를 책임지는 최고 경영자가 됐다."라고 했다. 보고서에서 아줌마들은 남편의 월급에 의존하기 보다는 주도적으로 재테크에 나서며, 본인 명의의 부동산과 동산을 가지고 주식 투자도 한다고 했다. 그럼에도 불구하고 자녀교육은 여전히 삶의 큰 부분을 차지하고 있으며 자녀의 성적표가 부부의 행복지표이기 때문에 육아 스트레스가 심하다고 했다. 설문조사에 나오는 아줌마들에 관한 보고서 내용은 미국의 보보스족을 떠올리게 한다.

정보에 강하고, 자신만의 독특한 소비 감각이 있으며, 자유롭게 사고하고 유행에 개의치 않으며, 엉뚱하고 기발하며, 일을 즐기고 여유가 있으며, 매사에 적극적이고, 돈이 많더라도 낭비하지 않는다와 같은 보보스족의 대표적 특성은 우리 중산층의 의식구조와 상당 부분 중첩된다. 무엇보다도 이들의 자녀교육에 대한 극성스러운 열성은 우리 중산층 '아줌마'들의 그것과 너무나 비슷하다. 다양한 개성과 경제적 능력을 가진 아줌마, 정보 수집과 의사결정의 주체인 이 수퍼맘들은 앞으로 더욱 거침없이 우리 사회의 교육과 소비를 주도할 것이다. 또한 이 수퍼맘들의 건전성과 도덕성은 사회 전체의 건강성을 좌우하게 될 것이다.

오바마의 어머니

　　오바마 미국 대통령의 어머니는 백인이다. 그녀는 대학시절 케냐 출신 흑인 유학생과 결혼하여 십대에 그를 낳았다. 그녀는 후에 인도네시아인과 다시 결혼하였지만 또 이혼하는 파란곡절을 겪었다. 그러나 그녀는 오바마의 교육에 혼신의 힘을 쏟았으며 자신도 계속 공부하여 인류학 박사 학위를 받았다. 오프라 윈프리는 오바마의 가족이야 말로 미니 유엔과 같다고 했다. 흑인과 백인, 아시아인의 피와 문화가 뒤섞여 있는 다인종, 다문화 가정이기 때문이다. 그런 가정적 배경이 오바마의 개방적, 창의적 사고의 토대라는 것이다.

　　유학생이던 오바마의 아버지가 학창시절 하와이의 어느 술집에서 술을 마시고 있는데 깜둥이 옆에서는 술을 마실 수 없다며 백인 한 사람이 바텐더에게 큰 소리로 항의한 사건이 있었다. 좌중이 모두 숨을 죽이고 지켜보는 가운데 오바마의 아버지는 그

백인에게 조용히 다가가서 미소를 지으며, 백인이 가지고 있는 편견의 어리석음과 아메리칸드림의 약속, 인간의 보편적 권리에 대해 감동적인 일장 연설을 했다. 오바마는 이 이야기를 듣는 것으로 아버지를 만났다. 이 이야기를 전해 준 사람은 바로 외조부모였다. 딸과 이혼한 사위를 나쁘게 말하지 않고 훌륭했던 점을 손자에게 이야기해 준 것이다. 1960년대 미국은 아직 흑백 차별이 심했다. 결혼과 출산에 관한 의식이 우리와는 근본적으로 상당한 차이가 있다고 하지만, 대학에 들어가자마자 십대에 아이를 낳은 딸과 외손자를 인정하고 받아들인 오바마의 외조부모는 정말 사려 깊은 사람들이었다.

　　오바마의 어머니는 아들을 교육시키는 과정에서 때로는 가혹할 정도로 엄격했다. 새벽 4시에 깨워 공부를 시키곤 했다. 아들은 어머니의 방침을 이해하고 받아들였다. 그런데도 오바마는 '내가 알고 있는 사람 중에 가장 친절하고 너그러운 사람이 바로 나의 어머니이다. 내 안에 있는 최상의 것은 어머니에게서 나왔다.' 라고 말한다. 평상시에 한없이 친절하고 너그럽기 때문에 결정적인 순간에 강하게 몰아붙여도 기꺼이 순종하는 것이다. 시도 때도 없이 잔소리하고 간섭하는 부모는 자녀를 뜻대로 움직일 수 없다. 오바마의 어머니는 항상 아들에게 지나간 것에 집착하지 말고 현실을 직시하며 앞으로 무엇을 할 수 있는가에 힘을 집중하라고 가르쳤다.

이 시대의 허상, 조기진도

　　실내 수영장에 처음 갔을 때 있었던 일이다. 나는 저수지와 강이 많이 있는 곳에서 성장했기 때문에 수영은 자신이 있었다. 개구리헤엄(평영)에서 송장헤엄(배영), 자유형에 이르기까지 흉내는 거의 다 낼 수 있었다. 수영복을 입고 고무 모자를 쓰고 물안경을 착용한 후 자신만만하게 물속으로 풍덩 뛰어들었다. 약품 냄새가 역겨웠지만 어린 시절 친구와 강 건너가기 시합을 하던 모습이 떠올랐다. 사력을 다해 강을 건너갈 때 온몸을 힘겹게 하면서도 전신을 더없이 상쾌하게 해 주던 물살의 저항과 탁 트인 자연 속에서의 자유로운 유영을 떠올리자 내가 헤엄치는 좁은 공간과 고무 모자는 나를 견딜 수 없을 정도로 답답하게 했다. 나는 모자와 물안경을 벗어 버리고 어린 시절 이래로 몸에 익은 방식으로 자유롭게 헤엄을 쳤다. 한참 열중하고 있는데 안전 요원이 밖으로 나오라고 했다. 모자를 쓰고 수경을 착용해야 수영장에 들어갈 수 있으니 규칙을 지켜달라고 했다. 내가 주의사항을 들

고 있을 때 물속에 있던 사람들이 나를 쳐다보며 재미있다는 듯
이 웃었다.

집에 와서 같이 운동을 한 아내에게 왜 사람들이 나를 보고
웃었는지를 물어 보았다. 아내는 깔깔거리며 오늘 내가 좋은 구
경거리였다고 했다. 다른 사람들은 모두 머리를 물속에 담그고
수영을 하는데 나만 머리를 빳빳하게 들고 헤엄을 쳤다는 것이
다. 그 촌스러운 특이한 모습을 보고 사람들이 웃었다는 것이다.
그렇다. 나는 헤엄을 칠 때 머리를 물속에 담그는 것을 싫어한다.
내 고향친구들도 다 그랬다. 그러나 수영장의 모든 사람들은 머
리를 물속에 담그고 헤엄을 쳤다. 우리는 어린 시절 강이나 저수
지에서 한나절 내내 헤엄치며 놀아도 머리는 젖지 않게 할 수 있
었다. 우리는 그것을 자랑스러워했다.

아내의 권유로 다음날 수영 코치를 찾아가 시골에서 배운 폼
을 교정 받고 싶다고 했다. 코치는 초급반에서 발차기부터 하자
고 했다. 나는 헤엄을 잘 치기 때문에 중급반 정도부터 하면 어떻
겠느냐고 물었다. 그는 나 같은 사람이 더 머리 아프다고 했다.
아예 맥주병을 가르치는 것이 더 빠르다고 했다. 이미 굳어버린
어설픈 폼은 정말 교정이 어렵다고 했다. 나는 발차기부터 다시
배우는 것을 포기했다. 남이야 웃든 말든 내가 자랑스러워하는
머리 들고 헤엄치기 폼을 그렇게 많은 시간과 노력을 투자해가며
고치고 싶지 않았다. 그 날 이후로 한 번도 실내 수영장에 간 적

이 없다.

　수영만 그렇겠는가. 골프도 그렇고 공부도 마찬가지이다. 처음 배울 때 제대로 배우지 않으면 후에 바로잡기는 정말 어렵다. 수학이나 과학에서 자신이 약한 단원은 거듭 틀린다. 처음 배울 때 기초를 착실하게 다지지 않고 진도만 계속 나갔기 때문이다. 운동에서도 어설픈 폼은 대개 빨리 실전 상황에 뛰어들고 싶어 기초과정에 대한 충분한 연습을 무시하기 때문에 생겨난다. 기본 원리와 개념을 곱씹고 되씹은 학생이라야 학년이 올라갈수록 성적이 향상된다. 탑을 높이 쌓기 위해서는 맨 아래 기단에 많은 시간과 공을 들여야 한다.

　조기진도(선행학습) 열풍은 대부분 가정에서 사교육비의 부담을 가중시키는 주된 요인이 되고 있다. 빨리 배운다고 공부를 잘 하는 것이 아님을 알아야 한다. 빨리빨리에는 대개 날림과 부실이 병행하게 마련이다. 공부든 운동이든 단계적으로 나아가는 것이 중요하다. 속도에 대한 허상을 바로 보려는 자세와 의지가 중요하다.

기다릴 줄 아는 부모

수학 시험에서 늘 만점을 받던 학생이 어느 날 뚜렷한 이유 없이 80점을 받을 수 있다. 이 때 대부분의 부모님들은 다시 회복될 때까지 기다리지 못한다. "요즈음 늦게 일어날 때 알아봤다. 너 갑자기 옷에는 왜 그렇게 신경 쓰니? 여자 친구 생겼나?" 많은 부모님들이 성적이 내려간 시점 전후에 목격한 마땅치 못한 행동들을 나열하며 학생을 자극한다.

다음 시험에서 학생은 시험 시작 전부터 바짝 긴장한다. 어떻게 해서든지 과거의 좋은 점수를 회복해야 한다. 그렇지 못하면 어떤 일이 일어날지를 너무나 잘 알기 때문이다. 평소보다 훨씬 비장한 각오와 자세로 문제를 풀어 나간다. 몇 문제 풀다가 즉시 풀 수 없는 문제에 부딪히게 되면 갑자기 얼굴이 붉어지고 가슴이 답답해진다. 침착하게 다시 생각해 보면 풀 수 있는 문제이다. 그러나 만점을 받지 못하면 큰 일 난다는 심적 부담이 가득한 상태에서는 문제풀이 자체에 몰두하지 못한다. 도전적이고 적극적인 자세로 더욱 악착같이 달려들기 보다는 어머니의 성난 얼굴을 시험지 위로 떠올리는 경우도 있다.

생활이 즐겁지 못 하고 자신감을 잃은 상태에서는 그 다음 시험에서도 역시 성적이 제대로 나오지 않는다. 이런 식으로 몇 차례 거듭 시험을 망치게 되면 어머니는 당분간 아무 말도 하지 않는다. 어느 날 드디어 어머니가 체념한 표정으로 담담하게 말한다. "어떻게 하겠나. 이 집안 내력인데. 아버지도 수학 때문에 원하는 대학에 가지 못했고, 고모도 수학 때문에 약대를 못 갔단다. 집안 전체가 수학을 못하는데 너라고 예외일 수 있겠느냐." 다시는 원상태로 돌아갈 수 없게 쇄기를 박는 말이다. 유전적 요인 때문에 아버지와 고모의 전철을 밟을 수밖에 없다는 선언으로 학생은 수학에 대한 흥미와 자신감을 완전히 상실하게 된다.

중3 학부모와 학생 사이에서 실제로 있었던 사례를 정리한 내용이다. 처음 시험을 못 쳤을 때 '괜찮다. 너무 신경 쓰지 마라. 다음에는 잘 칠 수 있을 거야.'라고 말하며 대수롭지 않다는 반응을 보였더라면 그 학생은 다음 달에 바로 원래 성적을 회복했을 가능성이 높다. 지나치게 심적 부담을 주었기 때문에 악순환이 되풀이 되었던 것이다. 아이가 넘어졌을 때 혼자 툭 털고 일어날 수 있도록 도와주지 않고, 조심해서 걷지 않았다고 꾸중하는 것은 바람직하지 않다. 칭찬과 격려는 자신감을 회복하고 도전적인 자세를 가지게 하는 최고의 특효약이다. 자녀를 신나게 하는 부모는 현명하게 기다릴 줄 안다.

긴 호흡의 승부

　현행 수능시험은 운전면허필기시험처럼 일정점수 이상을 받으면 모두에게 동일한 자격을 주는 자격시험이 아니다. 수능시험은 전국 수험생을 학력에 따라 한 줄로 세우는 것을 그 목적으로 한다. 수험생을 성적에 따라 한 줄로 세워 놓고 대학 서열에 따라 끊어서 데려가는 식의 현행 대입전형 제도는 소수에게는 더없는 희열과 축복된 성취감을 가져다 줄 수 있다. 그러나 그 줄의 후미에 위치한 학생들은 필연적으로 심한 패배감과 자괴감에 빠질 수밖에 없다.

　수능 성적이 발표되고 가채점에 따른 지원가능 배치표 등이 발표되면서 많은 수험생과 학부모들이 견디기 어려운 스트레스를 받고 있으며 일부는 치료를 받아야 할 정도로 심한 우울증에 시달리고 있다. 이와 같은 현상은 한 가정을 넘어 사회 전체가 관심을 가져야 하는 문제이다.

■ 다양한 후유증

수능시험 후유증을 가장 심하게 앓는 쪽은 물론 수험생 자신이다. 수능시험이 종료되면 모든 구속에서 해방되고 모든 것을 마음대로 할 수 있을 것으로 생각했지만 수능시험 당일 가채점을 끝낸 순간부터 하루하루가 불안한 지옥이라고 말하는 수험생들이 많다. 수능에서 여학생이 강세인 언어가 너무 쉬워 변별력을 상실하고 여학생이 상대적으로 약한 수학이 어렵게 출제되면 일부 상위권 여학생에게 특히 깊은 상처를 준다. 몇몇 수험생들과 학부모들의 말을 들어보면 그들이 느끼는 무력감과 불확실성에 대한 두려움이 얼마나 심각한 지를 잘 알 수 있다.

"잠을 실컷 자고 싶었어요. 그러나 3일을 밤낮 없이 계속 잤더니 허리가 아파 더 잘 수 없었어요. 오히려 밤이 두렵습니다." 잠도 자신에게 궁극적인 위안이 될 수 없다는 것이다. "장 폴 사르트르가 '지옥이란 타인의 시선'이라고 말한 적이 있습니다. 체면을 중시하는 한국 사회에서 아이의 수능 성적은 직장 생활에서도 직간접적으로 많은 영향을 미칩니다. 이럴 줄 알았다면 차라리 조기유학을 보냈더라면 하는 부질없는 생각을 해 보기도 합니다. 당분간은 다른 사람과 어울리는 것을 피하고 싶습니다." 지역 어느 대학 교수의 말이다. "같이 어머니회 활동을 하며 아침저녁으로 전화를 하며 서로 의지했지만, 우리 아이가 시험을 망쳐서 이제 더 이상 전화를 할 수도 없고 하지도 않습니다."라며 한 어머니가 울먹였다. "아이가 재수를 시작한 지 얼마 후부터 눈이 침침해 지고 머리가 세기 시작해서 이제 염색을 하지 않으면

백발입니다. 갱년기 장애까지 겹쳐 늘 몸이 가볍지 않고 아픕니다. 재수를 해서 조금도 성적이 오르지 않았어요." 안경알을 닦으며 이 중년 여성은 계속 허탈한 표정을 지었다. "아파트 같은 층에서 마주보고 사는데 한 집은 만족할만한 점수가 나오고 다른 집은 그렇지 못하다고 한 번 생각해 보세요. 피차 얼마나 어색한지 모를 겁니다. 서로가 멀리서 어느 한 쪽을 먼저 보게 되면 눈치 못 채게 기다렸다가 다음 엘리베이터를 탑니다. 사촌이 논 사면 배 아프다는 그런 문제만은 아닙니다. 하루에도 몇 번씩 가슴이 터질듯이 답답하고 아픕니다. 어떤 때는 숨을 쉬는 것조차 힘겨울 때가 있습니다." 요즈음은 화장도 하지 않는다는 어느 어머니의 우울한 독백이다.

■ 부모가 먼저 여유를 가져야

상당수의 수험생들은 표현을 안 할뿐이지 부모님과 가족들에게 미안한 마음을 가지고 있다. 진학 상담을 하다보면 부모님께 미안하다며 눈물을 흘리는 학생들이 많다. 그 미안한 마음을 제대로 표현할 방법을 못 찾을 뿐이다. 그 미안함은 때로 반항심으로 표현되기도 한다. 따라서 부모가 먼저 그들을 이해하고 포용하는 자세가 필요하다. 부모가 계속해서 심하게 꾸중을 하거나 무시하는 모습을 보이면 학생은 설자리가 없으며 밖에서도 자신 있는 태도를 유지하기가 어렵다. 이럴 때 일수록 입시가 인생의 전부가 아니라는 평범한 진리를 곰곰이 되새겨 볼 필요가 있다. 점수에 맞추어 대학 등급을 한 단계 올리고 내리고 하는 것 자체가 어떤 의미에서 보면 부질없는 행위이다. 지금은 온통 점수에 매달려 있지만 조금만 지나면 모든 것이 정상으로 돌아갈 것이다. 무리하지 말고 합격 가능한 대학에 지원하고 대학에 가서 열심히 공부하도록 격려하는 것이 훨씬 바람직하다. 부모부터 여유를 가져야 한다.

■ 좀 더 멀리 바라보자

단판승부에서 소기의 목적을 달성하지 못했다면 이제 멀리 앞을 내다보고 긴 호흡의 승부를 하겠다는 결의를 다져야 한다. 미래지식기반 사회에서는 한 번 명문대를 졸업했다고 해서 끝까지 기득권이 유지되는 일은 없을 것이다. 진정한 공부는 대학에 진학하고 나서 시작된다. 앞으로는 어느 대학을 나왔느냐보다는 얼마나 필요한 실력을 갖추느냐가 문제 될 것이다. 대학입시는 전체 인생에서 부분적인 한 과정에 불과하다. 입시와 관련된 오늘의 모든 고통도 궁극에는 세월과 더불어 치료될 것이다. 이제 수험생과 가족 모두는 자신을 추스르며 심기일전해야 한다.

디오니소스적인 삶을 생각하며

우리의 자녀들은 부모가 멋대로 조작할 수 있는 기계가 아니다. 그들은 생명 활동이 왕성한 온갖 가능성의 총체이며 가변적인 소우주이다. 부모의 모범과 여유로운 자세 여하에 따라 자녀들은 찬란한 태양이 될 수도 있고, 생명이 다하는 날까지 정처 없이 돌아다녀야 하는 떠돌이 별로 전락할 수도 있다. 자녀를 잘 키우길 바라는 부모는 늘 자신의 생활을 반성해야 한다. 자녀는 부모를 비추는 거울이다.

■ 격려와 악담

격려와 악담을 구별하지 못하는 사람, 아직까지도 매질과 꾸중과 간섭이 자녀들을 분발하게 하는 특효약으로 생각하는 부모가 있다. 그런 부모에게 묻고 싶다. 당신은 학창시절 정말로 철저하고 완벽했는가? 당신은 지금도 자기 발전을 위하여 피나는 노력을 하고 있는가? 당신의 별 생각 없는 말 한 마디가 어린 자녀들을 영원히 정신적 불구자로 만들 수 있다는 점을 생각해 보았는가? 위기를 들먹이며 남을 통제하려는 사람에게서는 남을 설득하려는 진지한 노력과 고뇌의 흔적을 찾아보기 어렵다.

위기론은 일종의 폭력이다. 위기론의 무자비한 횡포 앞에서 대부분 힘없는 개인은 위기 극복의 의지를 갖기보다는 불안감 때문에 무기력해지기가 쉽다. 위기론 속엔 가학성 잔인함이 깃들어 있다. 불안감은 인간의 모든 잠재 능력을 파괴하고 영혼을 병들게 한다.

어른 아이 할 것 없이 칭찬과 격려의 말을 들으면 기분이 좋아지고 힘이 솟아난다. 미래에 대해 낙관적인 태도를 가지면 자신도 이상하게 느낄 정도로 어려운 문제들이 쉽게 해결된다. 이런 경험이 쌓이면 모든 일에 자신감을 가지게 된다.

■ 빠름과 느림

어떤 일을 할 때 빠름과 느림이 조화를 이루면 생산성은 극대화된다. 빠름이 성공적이기 위해서는 그 속에 느림과 여유가 있어야 한다. 마찬가지로 느림이 창조적이고 생산적이기 위해서는 그 속에 필요할 때 즉시 속도를 낼 수 있는 탄력성이 있어야 한다. 음미와 여유가 없는 속도는 무모하며, 결국에 가서는 일을 크게 그르칠 가능성이 높다.

우리는 지금 속도가 미덕이라고 착각하는 사회에서 뒤처질까 안달하며 거름 지고 장에 가듯이 숨 가쁘게 유행을 따라가고 있다. "우리는 가속의 체증 속에서 꼼짝 못하고 앉아 있을 때가 많다. 시간이라는 기차에서 진행 방향과 같은 방향으로 앉아서 성급한 진보에 몸을 내맡긴 많은 사람들은 창문을 아주 조금만 열어도 바람이 얼굴에 심하게 부딪힌다는 것을 알게 된다. 그러나 달리고 있는 진보라는 기차의 방향과 반대 방향으로 앉아 있으면 창문을 연 채 갈 수 있다"라는 칼하인츠 A. 가이슬러의 말은 우리에게 많은 것을 시사해 준다.

맹목적으로 속도를 추종하다 보면 치명적인 바람을 맞기 쉽다. 혼자서 수학 공부를 하면 한 시간에 서너 문제밖에 풀 수 없지만, 학원에 가거나 과외를 받으면 몇 배의 문제를 풀 수 있다고 생각하는 부모가 많다. 그러나 한 문제를 가지고 오래 생각하는 학생이 궁극에 가서는 이기게 된다. 얼핏보면 느린 것 같지만 혼자서 고심하는 과정에서 수학적 사고력과 창의력이 길러지고 인내심과 적극적인 도전정신이 배양되기 때문이다.

오늘 이 땅의 학생들은 너무나도 합리적인 것과 이성적인 것만을 추구하도록 강요받고 있다. 그러나 주기적으로 무엇인가에 도취되어 감동을 경험하지 않으면 합리성의 추구도 생산성이 없다. 만성적인 피로만 쌓일 뿐이다. 수학 문제를 풀고 영어 독해를 하는 데 최선의 노력을 다 해야 한다. 그러나 음악을 듣고 책을 읽고 자연의 품에 안겨 우주와 인생을 사색해야 한다.

현명한 부모

　　모든 정보가 빠른 속도로 전파되고 공유되는 정보화 사회에서는 정보의 부족보다 정보의 과잉 때문에 일을 그르치는 경우가 자주 발생한다. 입시와 관련된 정보가 특히 그러하다. 수능시험이 다가올수록 온갖 근거 없는 소문이 난무한다. 누구는 지난해 보름 과외로 어느 과목을 만점 받았다. 올해는 어느 책에서 나온다더라. 어느 학원은 어떤 과목을 잘하고 어느 선생은 무엇이 유명하다더라. 이런 소문은 대개 특정 학원이나 개인이 자신의 이익을 위해 허위 사실을 의도적으로 유포시키기 때문에 생겨난다. 구체적인 평가 결과가 밝혀지지 않은 논술이나 심층면접 등에서는 이런 허위 정보가 학부모의 판단력을 더욱 흐리게 한다. 대책이 막연한 것일수록 헛소문이 많이 돌고 손에 잡히지 않는 유언비어성 정보일수록 은밀하게 유통되기 때문에 피해자가 많다

　　시험이 다가오면 일부 어머니들은 불안감을 견디지 못하여

운명 철학관 같은데서 자녀의 입시 결과에 대해 물어 본다. 재미로 보는 오늘의 운세를 보듯이 가볍게 넘기면 별 문제가 없겠지만 터무니없는 예언을 그대로 믿는 사람도 많다. 특히 실패 하리란 이야기를 들으면 안절부절 못한다. 심지어 그 이야기를 자녀에게 그대로 전달하여 시험에 부정적인 영향을 미치기도 한다. 뿐만 아니라 평소에는 다소 못 마땅하더라도 잘 참다가 어떤 계기로 감정이 폭발하면 자녀에게 지울 수 없는 상처를 주는 부모가 많다. 친척이나 친지의 공부 잘 하는 아이를 들먹이며 본받으라고 윽박지르기 쉽다. 이런 식의 꾸중은 십중팔구 아무런 효과도 거둘 수 없다. 어떠한 경우에도 남과 비교해서는 안 된다. 자존심을 상하게 하는 질책은 자녀의 자발적인 학습 의욕을 꺾어버리고 반항심과 자포자기의 심정만 키울 따름이다.

가정은 수험생이 심신의 피로를 풀고 심리적 안정을 얻게 되는 휴식처일 뿐만 아니라 새로운 활력을 얻게 되는 에너지원이다. 그러나 많은 가정이 수험생을 괴롭히고 기를 죽이는 장소로 기능한다. 지나친 간섭은 수험생을 소심하게 만든다. 소심한 학생은 결정적인 순간에 실수를 하거나 자신의 역량을 발휘하지 못한다. 모의고사에서는 늘 성적이 좋다가 실제 수능을 망치는 학생이 많다. 주된 실패 원인은 지나친 부담감과 소심함 때문이다. 부모가 자녀에게 모든 것을 믿고 맡긴다는 자세를 보여줄 때 수험생은 더 강한 책임감을 가지게 되고 스스로 알아서 모든 것을 잘 관리하게 된다. 잠재 능력을 최대한 발휘하게 하는 최고의 비법은 칭찬과 격려이다. 현명한 부모는 온 가족이 최선을 다하고 담담하게 결과를 기다리는 정공법 외에는 그 어떤 것도 쓸데없는 힘의 낭비라는 사실을 잘 안다. 지혜로운 부모는 야단스럽지 않게 자녀를 다독거리며 어떤 상황에서도 자신감을 가질 수 있도록 도와준다.

제4장 온 가족이 자연 속으로

자연의 품에 안기면 가난과 불행도 잊게 되고 온갖 마음의 상처도 치유된다. 우리 아이들도 간혹 주말에는 산이나 들에 나가 심신의 피로를 풀고 잠시나마 사색하는 시간을 가져야 한다. 때로 백 마디의 말, 열 권의 책보다 열매가 떨어지는 '툭' 하는 소리에 더 많은 것을 깨칠 수도 있기 때문이다.

황룡사지를 걸으며

실크로드 일부 구간을 여행하며 거칠고 광활한 고비사막을 지나간 적이 있다. 오아시스와 신기루를 보았고 대낮에도 한 치 앞을 내다 볼 수 없는 혹독한 황사를 만나 죽을 고비를 넘기기도 했다. 끝없이 펼쳐진 황무지를 지나며 인간과 자연에 대해 많은 상념과 사색에 잠겨 보았다. 생각이 깊어지고 정신이 단련됨을 느낄 수 있었다. 광활한 황무지나 폐허는 인간의 정신적 성장을 위해 꼭 필요하다고 생각했다.

딸아이가 중3 때 유난히 시험을 못 친 날이었다. 밤 10시 경에 엄마와 아빠와 함께 경주 황룡사지에 산책을 가자고 하니 순순히 따라 나섰다. 11시 경에 도착했다. 그믐밤이어서 사방이 깜깜했다. 하늘에서는 별이 펑펑 쏟아져 내렸고 청량한 바람이 머리를 맑게 해 주었다. 세 식구는 금당터 금동삼존장륙상 대좌 앞에 한참 서 있었고, 신라 삼보의 하나인 9층목탑터에서는 64개의 초석 위를 가위 바위 보를 하며 차례로 밟아 보기도 했다. 조국 백제가 망하리라는 것을 예감하면서도 신라의 탑을 지어야 했던 아비지의 고뇌에 대해서도 이야기를 했다. 한참을 같이 돌아다니다가 각자가 다른 방향으로 흩어져서 삼십분씩 혼자 산책을 하자고 제의했다. 그런 다음 우리는 다시 한 자리에 모여 가져간 간식을 먹고 집으로 향했다.

돌아오는 길에 딸에게 이렇게 말했다. "아빠는 황룡사지를 달밤이나 별밤에 걷는 것을 너무 좋아한다. 그 넓은 폐허를 걸으며 이런 저런 상념에 잠기거나 머릿속에서 절과 탑을 지었다 허물어 보는 것이 정말 즐겁다. 만약 황룡사나 목탑이 졸속하게 복원된다면 다시는 이곳에 오지 않을 것 같다. 아빠는 황무지나 폐허를 걸으면 정신의 성장과 성숙을 느끼게 된다." 너는 어떻게 생각하느냐고 묻지 않았다. 아이는 그냥 가만히 듣기만 했다. 그날 이후로 아이는 마음이 심란할 때는 황룡사지에 가자고 했다. 일 년에 서너 차례씩 함께 찾아갔다. 갈 때마다 우리는 각자 떨어져서 혼자 산책하는 경우가 많았다. 돌아오는 길에도 특별한 말은 없었다. 그러나 대개의 경우 갈 때보다는 돌아올 때 아이의 표정이 편안해 보였다. 그 때마다 우리 가까이 고비 사막과 같은 광활한 황무지는 없지만 황룡사지와 같은 폐허가 있어 그나마 다행이라고 생각했다.

고2 어느 가을밤, 우리는 여느 때와 마찬가지로 황룡사지에 다녀왔다. 그로부터 이틀 뒤 딸아이가 등굣길에 내 팔을 툭 치며 말했다. "아빠, 저도 이제 황룡사지를 걸으며 상상으로 절과 탑을 지어보고 생각에 잠겨보는 것이 너무 좋아요. 황룡사나 목탑이 졸속하게 복원된다면 저도 아빠처럼 거기 가고 싶지 않을 것 같아요." 딸이 나의 생각에 진정으로 공감하게 되어 기쁘고 행복했다. 고3 때도 두 번 갔다.

수능시험이 끝나고 어느 날 아침 출근길에 아이를 태워주며 물어보았다. "아빠는 너를 뒷바라지 하는 3년이 너무 행복했다. 먼 훗날 이 때가 그리워질 수도 있겠지. 이제 너희들을 다 키웠으니 너희들이 아이를 낳으면 도와줄게. 너희들 아이는 어떻게 키워줄까?" 질문이 끝남과 동시에 "오빠와 저처럼 키워 주세요."라고 답했다. 이 말 역시 나를 기쁘게 했다. 부모의 수고에 감사하고 부모의 교육 방식을 인정한다는 뜻이기 때문이었다.

정서적 공감대 만들기

　　자녀에게 투자하는 시간과 돈이 예전과는 비교가 안 될 정도로 늘어났다. 그러나 투자에 비례하여 기대하는 바를 성취하고 있느냐의 질문에 대해서는 대부분 부모들이 고개를 흔들고 있다. 많은 부모들은 바친 시간과 돈과 노력에 비례하여 그만큼 허탈감도 커진다고 푸념한다. 심지어 부모 자식 사이의 관계도 위기를 느낄 정도로 힘이 든다고 고백한다. 대화가 완전히 단절된 가정도 많다. 자식에게 그렇게 많은 투자를 하면서도 왜 이런 서글픈 결과를 얻게 되는가? 부모와 자식 사이에 정서적인 공감대가 형성되지 않으면 그 모든 노력은 허사가 된다. 한 가정의 행복을 위해서뿐만 아니라 자녀들의 지적, 인성적 성장을 위해 정서적 공감은 가장 중요한 토대가 된다.

■ 일상을 공유하는 지혜

　　많은 부모들이 자녀에게 거의 모든 것을 다 바친다고 말한다. 과연 그럴까. 자녀에게 투자하는 돈과 관심은 분명히 예전과 비교가 안 될 정도로 늘어났다. 그러나 진정한 정서적 교감은 줄어든 가정이 더 많다. 각자가 바쁘다는 핑계와 함께 부모는 경제적 지원만해주면 되고, 자녀는 부모의 뜻에 부응하여 공부만 열심히 해주면 된다고 생각한다. 따라서 공부를 잘하는 학생은 모든 것을 요구할 권리가 있다고 생각하며, 부모의 수고에 감사하지도 않고 주변에 대한 사려 깊은 배려도 없이 오로지 자기만을 생각한다. 부모들 역시 자녀가 기대만큼 공부를 하지 못할 때 물질적으로 제공해 준 것만 생각하며 아이에게 온갖 악담을 퍼붓는다.

한 가족이 함께 살아간다는 것은 무엇을 의미하는가. 공부를 떠나 부모 자식 간에 원만한 관계를 유지하기 위해서는 비록 짧은 시간이라 할지라도 정서적으로 공유하는 이벤트가 많아야 한다. 다양한 가족 이벤트는 공유할 수 있는 추억거리를 많이 만들어 주며 서로를 이해하고 사랑하게 해 준다. 부모와 자녀가 육체적, 정서적 공감대를 형성하기 위해 특별한 계획이 필요한 경우는 드물다. 일상적으로 공유하는 생활 속에 그 모든 해답이 있다.

■ 사례 1 - 자연속에서
A씨는 주부이다. 첫째는 딸인데 의예과 2학년이고 둘째는 아들인데 고1이다. 아버지는 공무원 생활을 하다가 첫째가 고3 때 위암으로 세상을 떠났다. 그러나 세 가족은 지금 서로 의지하며 행복하게 살고 있다. 이렇게 용기를 잃지 않

고 살 수 있게 된 이유는 남편이 살아 있을 때 늘 가족과 함께한 산행 때문이라고 말한다. 지금도 둘째와 함께 매주 일요일마다 동네 앞산에 오르면 자신과 아이는 남편의 숨결을 느낄 수 있으며 늘 새로운 힘을 얻게 된다고 말한다.

A씨의 남편은 첫째가 초등학교 시절부터 고2 겨울까지 매주 일요일이면 가족과 함께 산행을 했다. A씨 가족들은 산을 오르면서 봄부터 겨울까지 주변의 야생화를 관찰했다. 노루귀, 깽깽이풀, 현호색, 할미꽃, 양지꽃, 은방울꽃, 뻐꾹채 등등의 야생화들이 언제 어느 비탈에서 피는지를 함께 기록했다. 해마다 은방울꽃이 만개할 때면 친구 가족들을 초대하여 봄꽃 축제를 벌이곤 했다.

물론 시험이 임박하거나 특별한 일이 있을 때는 함께 가지 못했지만 한 달에 한 번 이상은 같이 산행을 하려고 노력했다. "동네 앞산을 올라가는 것은 여러 면에서 좋습니다. 우선 돈이 들지 않습니다. 김밥은 집에서 만들어서 가고, 사정이 있어 준비를 못했을 경우 동네 앞 가게에서 사면됩니다. 쉴 때마다 살아가는 이야기를 나누고 가파른 곳을 오를 때면 손을 잡고 끌어 줍니다. 그런 스킨십을 통해 아이들은 아버지의 사랑을 구체적으로 느끼게 되었다고 합니다. 산에서 함께 식사를 하며 이런 저런 대화를 나누는 것은 그 무엇과도 바꿀 수 없는 축복입니다. 부모 자식 간에 대화의 단절 같은 것은 있을 수가 없어요. 오히려 그게 어떤 상태인지 궁금합니다." A씨는 이 이야기를 하면서 행복한 추억에 잠기는 것 같았다.

병이 악화되어 움직일 수 없을 때도 남편은 아이들에게 산행을 권했다. 남편은 평소 "자연을 보라. 그리고 자연이 가리키는 바를 따라가라."라고 한 루소의 말을 자주 인용했다고 한다. A씨는 세상 살아가는 일이 힘들고, 학교생활이 어렵고, 인간관계가 힘들 때 산행을 하면 새로운 힘이 생겨나고, 많은 것을 이해하고 용서할 수 있는 여유를 얻게 된다고 말한다. A씨는 많은 부모들이 한 치 앞만 바라보고 여유 없이 생활하지 말고 주기적으로 자녀들과 함께 자연 속으로 나가보라고 권한다. "남편은 일찍 아이들 곁을 떠났습니다. 그러나 자연 속에서 새로운 힘을 얻는 방법을 가르쳐 주었기 때문에 아이들은 어렵지만 별로 내색하지 않고 자기 일을 잘 해 나가고 있습니다. 좁은 아파트 안에서는 가슴 뭉클한 대화를 나누기가 어렵습니다. 산이나 들로 나가면 열리는 마음 문의 크기가 달라집니다."

■ 사례 2 - 책과 함께

P씨는 중3 아들과 중1 딸을 가진 전업주부이다. P씨 가족은 남편이 봉급을 받는 일요일에는 어김없이 서점에 간다. 결혼하던 해부터 지금까지 20여 년 동안 남편이 봉급을 받는 주일엔 서점에 간다고 했다. 특별한 동기가 있느냐고 묻자 고1 때 국어 선생님 때문이라고 했다. P씨의 선생님은 학생들에게 이렇게 당부하곤 했다 "너희들이 어른이 되었을 때 내가 가르친 교과 내용은 다 잊어버려도 괜찮다. 다만 이것만은 꼭 기억해다오. 나중에 결혼해서 남편 봉급날 쌍칼

들고 고기 썰며 외식하는 것을 여자의 행복으로 생각하지 말라. 서점에서 만나 시집 한 권, 문예지 한 권이라도 사서 함께 읽을 수 있는 부부가 되어라. 아내가 현명하고 교양이 있을 때 자녀는 절로 잘 자라게 되며, 궁극적으로 우리 사회 전체가 품위 있게 발전할 수 있다."

아이들이 없을 때는 주로 베스트 셀러류를 사서 읽었는데 아이가 생기고 성장하면서 아이 중심으로 책을 사게 되었다고 말한다. 첫째 아이가 초등학교 3학년 때부터 한 달에 두 권 정도는 온 가족이 함께 읽을 책을 샀다고 말한다. 독서지도사 과정에도 등록하여 강의를 들었다고 한다. 남을 가르치기 위해서가 아니고 아이들의 독서지도를 잘하기 위해서였다. 이제는 읽은 책의 독후감을 간단히 적어 기록 한다고 말한다. 전에는 부모가 정한 책을 읽게 했는데 이제는 아이들이 보자는 책을 많이 읽게 된다고 한다. 그 덕에 아이와 함께 판타지 소설에 빠지기도 했다고 한다. 최근에는 부모와 아이들이 각각 한 권씩 선정하기로 타협했다고 한다. P씨는 말한다. "아이들과 함께 서가에서 책을 선택하는 기쁨은 그 무엇과도 바꿀 수 없습니다. 함께 책을 바라보기만 해도 뿌듯한 지적 포만감을 느낄 수 있습니다. 가족 공동의 책을 선정하기 위해 신문 서평을 읽고, 인터넷에서 자료를 검색하다보면 그 과정에서 많은 대화를 나누게 됩니다."

■ 사례 3 – 함께 식사하기

N씨는 현직 교사이다. 3년 전에 처제가 같은 동네로 이사

를 왔다. 이유는 처조카가 다소 의지가 약하고 공부에 열의가 적어 교사인 N씨의 지도와 도움을 받기 위해서였다. N씨는 아이에게 부담을 주지 않으면서 학습 동기를 유발할 수 있는 방법을 찾아내기 위해 고심했다. 먼저 아이의 성격을 파악해야 했다. 처조카는 자존심이 강하여 남이 충고하는 것을 싫어했다. 그렇다고 자기 일을 스스로 알아서 하지도 않았다. N씨는 아내와 역할을 분담하는 방법을 생각해냈다. 처조카를 한 달에 두 번 정도 N씨 집에 초대하여 같이 저녁 식사를 하기로 했다. 이모는 조카가 좋아하는 음식을 만들어 주고 조카는 먹고 싶은 것이 있으면 이모에게 말을 했다. 시간이 지나면서 식사를 같이 하는 날은 이모와 같이 시장에 가기도 했다. 시장을 오가면서 이모와 많은 이야기를 나누게 되었다. 이 때 이모는 조카에게 공부 이야기는 하지 않고 무한한 애정과 관심만 보여 주었다. 처음 몇 달 동안은 식탁에서 N씨는 공부와 관계되는 말은 한마디도 하지 않았다. 충분히 친해지자 아이가 먼저 공부와 관련되는 질문을 하기 시작했고 N씨는 식사를 하면서 자연스럽게 필요한 충고와 지도를 해 주었다. 아이는 고3 때도 이모 집에서 주기적으로 식사를 함께 했다. 아이에게 이모집은 새로운 에너지와 활력을 얻는 재충전의 공간이었다. 중학교 때 전교 80등 정도 하던 아이가 고3 때는 전교 10등 안에 들게 되었고 최종적으로 바라는 대학의 법대에 진학할 수 있었다.

5월과 청소년

　세계 많은 사람들이 애창하는 '홈 스위트 홈'을 지은 존 하워드 페인 자신은 한 번도 가정을 가져 본 적이 없다. 이 노래를 작곡할 무렵 그는 파리에서 땡전 한 푼 없는 처량한 알거지로 고독한 생활을 하고 있었다. 그는 평생 아내도 집도 없이 지냈다. 한 친구에게 보낸 편지에서 '진정 이상한 얘기지만 세계의 모든 사람들에게 가정의 기쁨을 자랑스럽게 노래한 나 자신은 아직껏 내 집이라는 맛을 모르고 지냈으며 앞으로도 맛보지 못하고 말 것이오.'라고 적고 있다. 그는 이 편지를 쓴지 1년 후 오랜 방랑의 삶을 객사로 마감했다. 그래서 그런지 '홈 스위트 홈'의 가락에는 포근한 보금자리 없이 살아본 자만이 느낄 수 있는 애절함과 간절함이 진하게 배어 있다.

　오늘 우리 사회가 이 정도의 경제발전을 이룩할 수 있었던 것은 교육에 대한 인식, 다시 말해 교육을 출세의 방편으로 생각하는 비정상적인 교육 열기에 힘입은 바가 크다. 서구식 교육 제도가 들어오기 시작한 시점부터 교육은 어느 누구에게나 가난에서 벗어나 계층상승을 할 수 있는 확실한 수단으로 간주되었다. 절대빈곤에서 벗어난 지금은 어떠한가. 날이 갈수록 도를 더해 가는 광기에 가까운 오늘의 교육 열기 그 밑바탕에는 남보다 상대적 우위에 서겠다는 여전히 다소 불순한 동기가 튼튼한 하부구조로 자리 잡고 있다.

소수의 엘리트를 위해 다수가 게임 메이커로 희생되고 있는 현 대입제도는 많은 아이들을 불행하게 하고 있다. 어떤 의미에서 보면 우리의 청소년들은 이 세계에서 가장 불행한 존재들이다. 그들에겐 복종과 순종의 의무는 있어도 불합리한 교육제도에 비판하고 저항할 권리는 없기 때문이다. 이제 우리는 교육의 본질과 목적을 정말로 진지하게 생각해 보아야 한다.

오월은 초목들의 파릇한 줄기와 가지, 그 잎새들의 합창이 만들어 내는 신록의 달이다. 오월의 빛과 바람 속엔 온갖 찬란한 색깔이 녹아 있다. 5월은 가정의 달이고, 청소년의 달이다. 단 하루라도 아이의 편에서 생각하며 가정과 가족을 절실하게 느끼도록 해 보자. 함께 푸른 하늘을 바라보며 잠시나마 풀밭을 걸어보자. 오월의 자연처럼 우리의 청소년들이 발랄하고 활기에 넘칠 수 있다면 얼마나 좋을까.

산 속에서

　나는 딸아이가 고등학생이던 시절, 특별한 일이 없으면 매주 일요일마다 아내와 함께 산에 갔었다. 거창한 산보다는 대개의 경우 집 근처에 있는 산에 올랐다. 배낭 속에는 마실 물과 약간의 음식물 그리고 한두 권의 책을 넣어 갔다. 거의 매주 산에 올랐기 때문에 우리 식구들은 어느 시점 어느 비탈에 어떤 야생화가 피는 지를 매우 상세하게 알고 있다.

　어느 일요일, 산 중턱에는 자줏빛으로 만개했던 가지복다리(표준말은 꿀풀)가 지고 있었으며, 엉겅퀴도 이미 한물가고 있었다. 　나는 딸에게 박목월 시집을 꺼내어 〈하관(下棺)〉이란 시를 나직이 읽어주었다.

　'관이 내렸다/ 깊은 가슴 안에 밧줄로 달아내리듯/주여/ 용납하옵소서/머리맡에 성경을 얹어주고/나는 옷자락에

흙을 받아/좌르르 하직했다/그 후로/그를 꿈에서 만났다./턱이 긴 얼굴이 나를 돌아보고/형님!/불렀다./오오냐! 나는 전신으로 대답했다./그래도 그는 못 들었으리라/이제/네 음성을/나만 듣는 여기는 눈과 비가 오는 세상./너는 어디로 갔느냐./그 어질고 안스럽고 다정한 눈짓을 하고/형님!/부르는 목소리는 들리는데/내 목소리는 미치지 못하는./다만 여기는/열매가 떨어지면/툭 하는 소리가 들리는 세상.'

아이의 두 눈에서 눈물이 주르르 흘러내렸다. 이틀 전에 화재로 한 달 가까이 입원해 있던 급우가 숨을 거두었고 아이들은 눈이 붓도록 울며 심한 충격을 받았다. 우리는 숲 속에서 시를 읽으며 삶과 죽음에 대해 오래 동안 이야기했다. 아이는 어느 정도 마음이 정리되는 것 같았다. 자연 속에서 나눈 이야기였기에 그 여운이 오래 가는 것 같았다.

자연의 품에 안기면 가난과 불행도 잊게 되고 온갖 마음의 상처도 치유된다. 우리 아이들도 간혹 주말에는 산이나 들에 나가 심신의 피로를 풀고 잠시나마 사색하는 시간을 가져야 한다. 때로 백 마디의 말, 열 권의 책보다 열매가 떨어지는 '툭' 하는 소리에 더 많은 것을 깨칠 수도 있기 때문이다.

추령재를 넘으며

감포 앞 바다는 대구 사람들이 답답할 때 즐겨 찾는 곳이다. 바다도 바다려니와 경주 덕동댐을 지나 거기까지 가는 길이 너무도 아름답기 때문에 짧은 시간이지만 바다로 가는 전 과정이 내내 즐거움을 준다.

추령재는 감포 가는 길의 압권이다. 그 꼬불꼬불한 길을 따라가다 보면 내가 바다로 가고 있는지 속세를 떠나 도인을 만나러 심산유곡으로 들어가고 있는지 잠시 착각하게 된다. 한 구비를 돌 때마다 온갖 상념을 털어 내며 마음을 정화시키고 새로운 활력을 얻게 된다. 그런 추령재에 터널이 뚫려 꽤 많은 세월이 지났다. 대부분 사람들은 바다에 빨리 이를 수 있다며 좋아하지만 나는 오늘도 나의 우둔함과 고집을 자랑스러워하며 옛길을 따라 추령재를 넘어 간다.

'도로'는 넓고 곧아서 어느 지점까지 가는데 걸리는 시간을 영에 근접하게 하는 것을 이상향으로 삼는다. 포장도로와 터널은

'도로의 이상'을 잘 구현하고 있다. 반면에 '길'은 비포장과 꾸불꾸불함과 우회를 좋아한다. 길은 여유와 자연스러움을 이상적으로 구현하고 있다. 오늘 이 땅에는 빨리빨리를 강요하는 소위 '도로의 문화'를 신봉하는 사람들이 너무 많다. 건물도 빨리 지어야 하며, 공부도 학원에 나가 미리 진도를 나가야 한다. 그러나 다지지 않고 속도만 중시한 결과는 우리에게 무엇을 가져 왔던가? 삼풍백화점, 상인동 가스폭발 참사 등 그 수많은 것들이 바로 졸속함이 가져온 비극이었다. 이제 우리는 맨발로 흙을 밟으며 느긋하게 주변의 풍경도 즐기면서 길을 가는, 때론 노을을 바라보며 까닭모를 슬픔에도 잠겨볼 수 있는 '길의 문화론'을 생각해 보아야 한다. 공부도 마찬가지다. 지름길이란 있을 수가 없다. 때로 우회하며 시간을 투자해서 기초를 탄탄하게 다져야 그 내용을 완전히 소화할 수 있고 배운 내용을 창의적으로 적용할 수 있다. 우리는 느림의 미덕을 소중하게 여길 줄 알아야 한다. 추령재 옛길을 넘으며 계절의 변화를 온 몸으로 진하게 느껴보자.

제5장 불혹의 아이들

희로애락을 초월한 열반의 경지가 이런 것인가. 기뻐도 웃지 않고, 슬퍼도 울지 않는 저들은 도대체 어떤 상태인가. 열 아홉 꽃다운 나이에 저들은 이미 무엇에도 쉽게 마음이 홀리지 않는 불혹의 경지에 이른 것이다. 고3쯤 되면 눈 뜨고 자는 법도 터득하게 된다.

불혹의 아이들

　짧은 점심시간이 끝나고 5교시 시작 벨이 울린다. 운동장에서 농구하던 학생들이 허둥지둥 교실로 뛰어 들어온다. 이마에는 땀방울이 송송 맺혀있다. 후다닥 책을 끄집어내어 펼친다. 선생님이 들어오고 수업이 진행된다. 선생님 말씀이 귓가에서 맴돌다 의미없이 사라진다. 몸이 천길 만길 땅 속으로 빨려 들어간다. 아무 소리도 들리지 않는다. 그렇다고 눈을 감고 조는 것도 아니다.

　아이들의 눈에 힘이 없다. 설명을 해도 아무런 반응이 없다. 주목을 하라고 고함을 지른다. 그래도 반응이 없다. 분필을 놓고 우스운 이야기를 해 본다. 몇몇을 제외하곤 대다수가 웃지 않는다. 선생님은 화제를 슬픈 이야기로 바꾸어 본다. 아무도 슬픈 표정을 짓지 않는다. 모두가 잠을 자고 있는가. 그런 것은 아니다. 바른 자세로 앉아 눈을 크게 뜨고 있다. 희로애락을 초월한 열반의 경지가 이런 것인가. 기뻐도 웃지 않고, 슬퍼도 울지 않는 저들은 도대체 어떤 상태인가. 열 아홉 꽃다운 나이에 저들은 이미 무엇에도 쉽게 마음이 홀리지 않는 불혹의 경지에 이른 것이다. 고3쯤 되면 눈 뜨고 자는 법도 터득하게 된다.

교실의 풍경을 극단적으로 희화해 본 것이다. 우리의 아이들은 어른들의 말에는 무감동한 반응을 보이고, 저희들끼리 있을 때는 광란의 몸짓도 서슴지 않는다. 원인이 무엇일까? 방과 후의 타율이 교실의 생기를 앗아간 것이다. 우리의 아이들은 만성 피로에 젖어 있다.

타율적인 인간은 매사에 수동적이고 활기가 없다. 어른이 짜 놓은 프로그램을 맹목적으로 강요할 때, 거기에 저항할 힘이 없는 아이들은 엉뚱하게 바보짓을 하거나 극단적인 반항을 하게 된다. 우리 모두 자율이란 이름의 타율을 곰곰이 생각해 보아야 한다. 젊은 시절 스스로 생활을 꾸려 가는 방법을 깨치지 못하면 어른이 되어도 불행해진다.

꿈

　"인간은 꿈에 의해서, 즉 그 꿈의 짙은 농도, 상관관계, 다양함에 의해서, 또는 인간의 본성과 자연 환경마저도 변경시키려는 꿈의 놀라운 효과에 의해서 다른 모든 것과 대립 관계를 갖고, 다른 모든 것보다 우위에 서있는 야릇한 생물, 고립된 동물이다. 그리고 지칠 줄 모르고 그 꿈을 좇으려고 하는 존재이다."라고 P. 발레리는 말하고 있다.

　우리는 일이나 공부를 하고자 할 때 대개 계획부터 세운다. 그리고 그 계획의 실현을 위해 현실적으로 가능한 모든 노력을 다한다. 그러나 아무리 성실한 사람도 목표 달성을 위해 노력하는 과정에서 역경과 난관에 부딪힐 수 있다. 이런 경우 어떤 사람은 계획이나 목표를 하향 수정하기도 하고, 또 어떤 사람은 능력의 회의나 심한 좌절감에 빠져 더 이상 일을 수행하지 못하게 된다. 그렇다면 역경과 좌절의 순간에 우리에게 용기를 주고, 현실의 어려움을 감내 하게 하는 힘을 어디에서 구할 것인가? 바로 꿈이다.

태초부터 인류가 무수한 역경에 직면해서 그것을 슬기롭게 극복하고, 찬란한 문화를 꽃피울 수 있었던 이유는 역경의 순간 에도 꿈을 꿀 수 있었기 때문이다. 꿈은 인간의 내면에서 무한한 에너지가 용솟음치게 해 준다. 우리가 알고 있는 모든 활동적인 사람들은 꿈을 좇는 사람들이다. 꿈은 목적을 고귀하게 만들고 오늘의 어려움을 즐거운 마음으로 견딜 수 있게 해 준다.

우리는 학습 계획을 세우기에 앞서 자신의 꿈을 먼저 확인해 야 한다. 꿈이 현실을 이끌어 가게 해야 한다. 그러나 그 꿈은 현 실에 뿌리를 두어야 한다. 임어당은 "중국인은 한 쪽 눈을 뜬 채 꿈을 꾼다."라고 했다. 감은 눈으로는 미래를 꿈꾸고 뜬 눈으로 는 현실을 직시하라는 뜻이다. 젊은이여 꿈을 꾸자. 꿈꾸는 힘이 없는 자는 현실적인 힘도 없는 사람이다.

침묵

　우리들은 깨어 있는 시간의 상당 부분을 소음에 시달리며 살아가고 있다. 듣고 싶지 않은 음악 소리, 차 소리는 물론이고 라디오와 TV와 같은 대중매체들이 선택의 여지없이 일방적으로 전달하는 말의 소음들은 우리의 영혼을 마비시키고 있다.

　지금 이 나라에 살고 있는 우리들은 비자금 파문이 야기시키고 있는 말의 홍수에 빠져 허우적대고 있다. 이 야단법석 속에서 우리는 말을 하면 할수록 허무주의와 냉소주의에 빠져들게 되고 건전한 판단력을 잃게 된다. 이런 시점에서 우리는 역설적으로 침묵에 대해 생각해 볼 필요가 있다. 우리 안에는 말없는 자아가 있다. 이 침묵의 자아는 언어로의 표현을 거부한다. 존재의 뿌리에 닿아있는 이 침묵의 자아는 우리 삶의 무게 중심이다. 표면이 혼란하고 소란스러울 때 우리는 물러앉아 내적 자아와 대화를 나눔으로써 외부의 상처를 치유하고 내일의 바람직한 삶을 조용히 설계하게 된다.

많은 종교들에서 침묵과 명상은 언제나 대단히 중시된다. 특히 힌두교와 불교에서 그러하다. 명상의 기술과 침묵을 통한 내적 수련은 이들 종교에서 가장 핵심적인 것이다. 말로 떠드는 것보다는 침묵 속에서 인간의 영혼은 깨어나고 실존이 확인되기 때문이다. 존재의 뿌리에 도달하기 위해 우리는 때로 고독해야 한다. 고독과 침묵 속에서만 사람은 자신의 근본인 뿌리를 키울 수 있다.

내일의 희망인 우리 청소년들은 이 어지러운 발언의 시대에 침묵의 지혜를 터득해야 한다. 깊은 사고와 내적 고요가 없는 시끄러운 말의 성찬은 일시적으로는 생산적으로 보일지 모르지만 그것은 망상과 회의에 빠지는 길이기도하다. 인간은 침묵의 사색 속에서 궁극적인 진리의 빛을 보게 된다.

진실한 눈빛

"거리에는 활기가 넘쳐흐릅니다. 젊은이들도 멋있고 발랄합니다. 그러나 자세히 보면 그게 그것이고 개성이 없습니다. 옷차림과 화장이 대량 생산된 공산품 같아요. 사람을 바라보는 눈빛이 때로 섬뜩합니다. 맑고 순한 눈, 진실한 눈을 찾기가 힘듭니다. 모두가 무엇엔가 들떠 있어요. 신문을 보면 경제 상황은 어둡기만 한데 사치는 극에 달한 느낌을 받아요. 이런 환경에 다시 적응해야 한다는 게 두렵습니다. 아이들을 또 어떻게 키워야 할지……."

십여 년 동안 외국에서 공부하다 최근 귀국한 어느 학자의 소감이다. 현상을 피상적으로 관찰한 편견에 불과할 수도 있다. 그러나 낯선 자의 눈에 비친 모습이 더 정확하고 진실할 수 있다.

필자는 대화중에 '진실성'과 '눈빛'이라는 말을 오래 생각하다가 〈채근담〉의 한 대목을 떠 올려 보았다. "사람에게 있어서 가장 큰 힘을 주는 것은 한 가지 진실에 있다. 그 마음속에 진심이 일관하고 있다면 그는 그 진심의 힘으로 거의 못 할 일이 없을 것이다. 뙤약볕이 내리쬐는 오뉴월에 서릿발을 내리게 하였다는 연왕 때의 이야기가 다 이를 말하는 것이라 할 것이다. 주자(朱子)의 말에도 밝은 빛깔은 금과 돌을 뚫는다고 했다. 진실 일념은 무엇이고 뚫고 나가지 못함이 없다. 그러나 사람으로서 가장 그 몸을 버리는 것은 진실에서 떠나 허위 속을 헤맬 때다. 허위는 먼저 그 사람의 얼굴 모양부터 일그러뜨리고 만다. 허위에 사는 사람은 인간 본래의 빛깔을 떠난 것이니, 그의 추잡한 그림자에 스스로 몸부림치게 된다."

이렇게 보면 이 사회는 진실성이 총체적으로 결여되어 있다. 우리가 처한 여러 어려움을 극복하기 위해서는 무엇보다도 구성원 개개인이 진실해야 한다. 시대의 고뇌를 반영하는 사색에 잠긴 눈, 인간의 실존적 상황을 고뇌하는 우수에 잠긴 눈을 만나고 싶다.

아름다운 사람

"처음 결심한 일을 끝까지 몸에 지니지 못함은 잡념에 마음이 끌리기 때문이다. 무슨 일이든 한 가지 일을 성취하려면 그 밖의 다른 일은 생각하지 말아야 한다. 그렇기 때문에 여러 가지 일 중에서 가장 중요한 일 하나를 선택하는 것이 긴요하다. 영원히 영예로운 일을 취하고 사멸해 버릴 것은 처음부터 버리는 것이다."라고 헤라클레이토스는 말하고 있다.

인간 사회가 발달하고 복잡해질수록 우리는 결심한 바를 끝까지 지켜 나가기가 어렵다. 눈을 감고 귀를 막지 않는 한 우리는 외부의 자극에 민감하게 반응하게 되고 그러다 보면 어느 날 갑자기 모든 것이 허망하게 느껴지고 결국에 가서는 주체성을 상실하고 방황하게 된다.

우리가 찾아 볼 수 있는 것 가운데 가장 아름다운 것은 무엇일까? 사람마다 다르겠지만 나는 살아 있는 생명체가 어떤 목적을 달성하기 위해 최선을 다하는 순간을 지켜보는 것이라고 생각한다. 운동선수가 상대를 이기기 위해 최선을 다하는 모습은 우리를 열광하게 한다. 동물이 먹이를 사냥하기 위해 최선을 다하는 모습도 우리를 매료시킨다. 심지어 범죄 영화에서 범인이 목적을 달성하기 위해 온갖 수단을 다 써서 애쓰는 모습도 관객으로 하여금 숨을 죽이게 만든다.

불교나 가톨릭 수도자에게 최고의 경지는 극도로 단순해지는 것이다. 단일한 목표를 향해 일정 기간 극도로 단순해질 수 있는 사람만이 뜻한 바를 이루게 된다. 결의에 찬 눈빛으로 무엇을 배우고 깨치기 위해 혼신의 노력을 다하는 젊은이들, 그대들이야말로 이 세상에서 가장 아름다운 존재들이 아닌가.

음악

　음악은 식물의 성장률을 30% 가까이 촉진하고 병해충의 발생을 억제하는 효과를 가진다는 연구 결과가 농촌진흥청 산하 잠사곤충연구소에서 나온 적이 있다. 음악을 들려준 오이는 그렇지 못한 오이보다 당도가 15%나 증가했고, 3시간 정도씩 음악을 들으며 성장한 미나리와 배추는 음악을 접하지 못한 다른 것들보다 진딧물 숫자도 무려 30%나 감소했다는 것이다.

　우주 그 자체와 우주의 모든 법칙이 신(神)이고, 그 신이 구현한 것이 우주의 만물이라는 범신론적 사색에 한번쯤 잠겨보지 않을 수 없다. 우주의 모든 만물은 서로에게 영향을 주고받으며 교감한다. 생각을 계속 진전시키면 생태계의 파괴와 환경오염의 문제까지 나아간다. 자연이 황폐해져서 그 고유한 소리와 형태를 잃게 될 때 결국은 인간이 파괴된다.

　콘크리트 건물에 밤낮없이 장시간 갇혀 있어야 하는 청소년들을 생각해보면 답답하다. 그들에겐 자연의 소리, 소음에 가까운 광란의 소리가 아닌 진정한 그린 음악이 필요하다. 다산 정약용 선생의 말을 함께 음미해 보자.

"음악이 없어진 후에 형벌이 무겁게 되고, 음악이 없어진 후에 전쟁이 자주 일어나게 되고, 음악이 없어진 후에 거짓이 성하게 되었다. 그것이 그렇게 된 이유를 아는가? 일곱 가지 감정 중에서 그것이 나오기는 쉬워도 참고 막기란 어려운 것인데, 이것은 분노이다. 답답한 사람은 마음이 침착하지 못하고, 성낸 사람은 마음이 풀리지 않는 법인데, 바로 그 때에는 다만 사람에게 형벌을 써서 한때의 기분을 통쾌하게 하면 비록 통하여 도리가 순조로울 수 있겠으나 거문고와 피리, 종과 정의 소리를 듣고 그 마음이 침착하고 풀린 것만 같지 못하다. 음악을 만들지 않으면 교화(敎化)도 마침내 베풀어질 수가 없으며 풍속도 마침내 변화시킬 수가 없어서 천지의 화기로움을 마침내 이루게 할 수가 없다."

소나무

소나무를 두고 나도향은 이렇게 쓴 적이 있다.

"소나무에는 바람이 있어야 그 소나무의 값을 나타내는 것이다. 허리가 굽은 늙은 솔이 우두커니 서 있을 때에는 마치 그 위엄이 능히 눈서리를 무서워하지 않지마는 서늘한 바람이 쏴아 하고 지나가면 마디마디 가지가지가 휘늘어져 춤을 추는 것은 마치 칡물 장삼의 긴소매를 이리 툭 치고 저리 툭 치며 신이 나게 춤을 추는 노승과 같아 몸에 넘치는 흥을 느끼게 하는 것이다."

솔바람 속엔 우리의 정신을 맑게 해주는 향기가 있고, 솔바람 소리엔 우리를 무아지경에 빠지게 하는 주술이 있다. 소나무는 생명력이 강해 절해고도의 바위틈에서도 비바람 풍우한설을 비웃으며 기괴한 자태를 자랑하고 있다. 입학시험을 치르고 난 수험생들은 요즈음 일시적인 허탈감에 빠져 있을 것이다. 합격한 학생이나 낙방한 학생이나 발표를 기다리고 있는 학생이나 모두 심리적인 공백기를 겪고 있다. 하지만 지금부터 삶에 대해 본격적인 사색이 시작된다고도 할 수 있다. 이럴 때 방안에만 틀어 박혀 있지 말고 가까운 산을 찾아 겨울을 묵묵히 이겨내고 있는 소나무와 무언의 대화를 나눠 보기를 권한다. 우리가 답답할 때 사람에게서보다는 자연 속에서 더 큰 위안과 마음의 평화를 얻게 되는 경우가 많기 때문이다.

사람을 가장 아름답게 인도하는 힘은 의지력이다. 기둥이 약하면 집이 흔들리듯 의지가 약하면 생활도 흔들리게 마련이다. 아무리 답답하고 절망적인 순간에도 무엇을 하고자 굳게 결심하는 순간 자신의 내면에서 무한한 힘이 끓어오른다. 허탈감에 빠져 있는 자신을 다스리며 겨울 산행을 해 보자. 겨울 산정에 외롭게 서 있는 노송은 좋은 벗이자 훌륭한 스승이 될 수 있다.

방학

헨리 포드는 이렇게 말하고 있다.

"일만 알고 휴식을 모르는 사람은 브레이크가 없는 자동차와 같은 것으로 위험하기 짝이 없다. 또한 놀기만 할 뿐 일할 줄 모르는 사람은 모터가 없는 자동차와 마찬가지로 아무 소용도 없다."

우리 교육은 그 열성과 적극성이 지나쳐서 때로 그로인한 부작용이 심각한 우려를 낳기도 한다. 그러나 그 모든 것이 부정적인 것만은 아니다. 다만 이 열기를 어떻게 보다 생산적이고 창의적인 것으로 계속 이어지게 하느냐가 문제다. 영국 같은 나라에서도 한국의 교육 방식을 본 따서 엄청난 효과를 보고 있다는 보고서를 내놓고 있다. 방학은 학부모와 학생 모두에게 다소간의 여유를 준다. 우리는 전쟁을 연상하게 할 정도로 정신없이 한 학기를 보냈다. 그러나 휴식도 필요함을 잊어서는 안 된다.

어떻게 여름 방학을 보낼 것인가. 너무 긴장된 생활에서 갑자기 해방되다 보면 모든 일상적인 질서가 한꺼번에 무너지기 쉽다. 때로 방종과 타락으로 치달을 수도 있다. 여행도 하고 독서도 하며 몸과 마음을 재충전시켜야 한다. 아무런 목적도 없는 맹목적인 휴식은 고통일 수 있다. 그렇다고 방학 내내 학원에만 다니는 것도 역시 고통스런 일이다. 조화를 이룰 줄 아는 지혜가 필요하다. 여름은 젊음의 계절이다. 칠팔월의 강력한 열과 빛, 이것은 청춘의 화신이다. 어느 작가는 "청춘이란 부단히 취하는 마음이다. 즉 이성의 열병이다." 라고 했다.

평소의 바쁜 일상에서 하지 못하고 보류해 두었던 일들에 취해 보자. 무슨 일을 도모할 때 실패를 두려워 할 필요는 없다. 젊은 시절의 실패는 장년의 승리나 노년의 성공보다도 믿음직하다고 하지 않는가. 듣기만 해도 가슴 설레는 말들. 작열하는 태양, 바다, 산, 젊음….방학이다.

위기관리

　　미국의 어느 대학에서 한 집단의 학생들에게 I.Q검사를 실시했는데, 그 전에 실시한 다른 집단의 학생들보다 평균 10% 정도 점수가 높았다. 두 집단은 비슷한 지적 능력을 갖고 있었다. 검사 환경도 거의 동일했다. 높은 점수가 나온 집단이 검사를 받던 날 허리케인이 불었다는 차이만 있었다. 학자들은 좋은 점수가 나온 집단을 상대로 정상적인 기상 조건에서 다시 검사를 실시했다. 결과는 허리케인이 불 때보다 평균 10% 점수가 내려갔다.

　　위기에 몰리게 되면 대다수 사람들은 긴장하게 되고 평상시의 능력 이상을 발휘한다. 그러나 긴장되고 급박한 상황이라고 해서 언제나 그런 것은 아니다. 위기 상황에서 더욱 능력을 발휘하기 위해서는 불굴의 의지와 자신의 노력이 필요하다.

　　인간의 행동을 공격성(aggression)으로 설명하는 학자들이 있다. 이 때 공격의 방향은 매우 중요한 문제가 된다. 위기 상황에서 공격의 방향이 자신의 내부로 향하게 될 때 어떤 현상이 나타날까. 불안, 초조, 우울 등의 증세들이 바로 그것이다. 흔히 말하는 고3병이라는 것은 자신의 에너지를 자아를 파괴하는데 사용하는 경우에 일어난다.

공격의 방향이 외부로 향하게 될 때는 어떤가? 자신의 욕구불만과 불안감을 외부로 발산하는 폭력성이 그 한 현상이다. 우리 사회에 심각해지고 있는 비행 청소년의 행동은 이 범주에 속한다. 다음으로 적절한 공격 대상(성취 목표)을 향해 혼신의 힘을 쏟아 붓는 경우가 있다. 가난한 수재가 고시 공부에 승부를 거는 것 등이 그 예가 된다.

수능 시험을 목전에 두고 자기 자신은 어느 유형에 속하는지 곰곰이 생각해 보자. 위기 관리에는 거창하고 난해한 이론이 필요하지 않다. 평소의 생활을 그대로 유지하면서 더욱 적극적인 자세로 상식에 충실하는 것이 최선의 방책이다.

아침저녁 등하교 시간에 자신의 미래를 낙관적으로 생각하며, 모든 것이 잘 되리라는 긍정적인 암시를 해보자. 아울러 서두르면 서두를수록 생산성이 떨어진다는 사실도 명심하자. 차분하게 마음을 가라앉히고 모든 것을 다시 확인하고 다지자.

4월과 수험생

"4월은 가장 잔인한 달 / 죽은 땅에서 라일락을 키워
내고 / 기억과 욕정을 뒤섞으며 / 봄비로 잠든 뿌리
를 뒤흔든다. / 차라리 겨울은 우리를 따뜻하게 했었
다. / 망각의 눈[雪]으로 대지를 덮고…"
미국 태생의 영국 시인 T. S. 엘리어트의 장시 〈황무지〉의
제 1부 첫 연이다.

4월은 왜 잔인한가? 초서의 〈켄터베리 이야기〉에 따르면 해
마다 4월이 오면 영국인들은 재생과 부활을 기원하며 켄터베리
대사원으로 성지 순례 여행을 떠난다. 그러나 겨울이 주는 평화
로운 죽음과 망각의 잠에 그대로 머무르고 싶은 사람에게 4월은
괴롭다. 겨울의 나태를 떨쳐버리고 성지 순례 여행에 선뜻 동참
하기란 정말 어렵다. 재생과 부활을 원하지 않는 사람에게 저 약
동하는 대자연처럼 깨어나 움직이라고 요구하는 4월은 그래서

가장 잔인하게 느껴지는 것이다.

날이 풀리면서 쉬는 시간은 물론이고 수업 시간에도 엎드리는 학생들이 늘어나고 있다. 만성피로와 가슴 답답함, 두통과 같은 고3 병을 앓는 학생들이 급격히 늘어나고 있다. 고3 병은 흔히 수면부족과 과로에서 온다고 말한다. 그러나 이 병은 육체적 피로보다는 공부가 뜻대로 되지 않고 기대하는 성적 향상이 제때에 일어나지 않은데서 오는 심리적 불안이나 좌절감이 근본 원인인 경우가 많다. 어떻게 치료할 것인가? 실행 가능한 계획을 세워 반드시 실천하고 그에 따른 성취감을 느껴야 한다. 성취감은 고3 병의 예방과 치료에 있어서 가장 중요한 요소가 된다.

생활의 활력과 긴장감이 떨어질 때는 쉬는 시간이나 점심시간에 엎드려 있지 말고 자리를 박차고 나와 운동을 해야 한다. 일요일에는 가족과 함께 근처 야산에라도 오르며 약동하는 대자연의 정기를 받으며 머리를 맑게 해 주는 것이 좋다. 4월에 본격적으로 시작되는 피로감과 무력감에서 빠져 나오지 못하면 내년 봄의 찬란한 대학 생활을 기대할 수 없을 뿐만 아니라 앞으로 다가올 올해의 모든 달들이 4월보다 더 잔인하게 느껴질 것이다.

시간에 관하여

시간은 일반적으로 공간과 더불어 사물의 존재, 변화를 설명하는 데 필요한 기본 조건이다. 시간에 관해서는 예로부터 그것을 객관적으로 보느냐 주관적으로 보느냐가 최대의 관심사였다. 공간과 시간에 대한 인간의 관념이 발전해 온 역사를 보면, 그러한 관념들은 가변적이고 상대적이었음에도 불구하고 '객관적으로 실재하는 존재의 형식들에 접근' 해 왔으며 공간과 시간의 본질을 보다 적합하고 깊이 있게 반영하는 방향으로 발전해 왔다는 사실을 알 수 있다.

오늘날에도 공간과 시간에 관한 인간의 관념이 가변적이라는 사실 때문에 공간과 시간의 객관적 실재성이 번복되지는 않는다. 공간과 시간은 인간의 의식으로부터 독립하여 객관적으로 실재한다고 보는 게 일반적이다. 그리고 시간과 공간은 절대적인 것과 상대적인 것의 통일로 본다. 공간과 시간은 절대적이고 객관적으로 실재하는 물질의 존재 형식인 한에서 절대적으로 존재한다고 본다. 동시에 공간과 시간은 상대적이라고 본다. 그것들의 구체적인 속성은 관련된 우주 영역에서의 질량 분포나 속도와 같은 물질상태에 의존하기 때문이다.

우리는 흔히 시험이 몇 달 남았다는 말을 자주 한다.

며칠간이란 절대적인 길이의 시간이라 할 수 있다. 그러나 시간을 활용하는 사람에 따라 상대적으로 그 길이가 다를 수 있다. 어떤 사람은 한 달을 하루처럼 낭비해 버리지만 어떤 사람은 하루를 한 달보다 값지게 활용할 수 있다.

침착하고 성실하고 수양이 되어 있는 사람은 정해진 최후의 순간이 다가올수록 더욱 침착해지고 내면의 결의로 눈은 더욱 빛난다. 여러분이 풀이 시간이 모자라는 수학시험을 치고 있다고 생각해 보자. 한 문제를 더 풀어야 하는데 시간이 3분밖에 남지 않았다고 가정해보자. 불안감에 사로잡혀 계속 시계를 쳐다보는 학생은 고민만하다 그 시간을 그냥 보낸다. 그러나 성취 욕구가 강하고 침착한 학생은 3분이란 시간을 의식하지 않고 차분히 문제 풀이에만 집중하여 종료 전까지 다 풀 수도 있다.

수능시험이 다가옴에 따라 시간이 없다고 불안해하지 말자. 시간의 활용은 개인에 따라 상대적이다. 30일을 3년처럼 활용할 수 있다. 무슨 시험에서나 시험 전 한 달은 결정적이다. 시간은 충분하니 편안한 마음으로 최선을 다하자.

이땅의 아버지

　　우리가 잘 아는 영화 속의 두 주인공 제임스 본드와 람보는 폭력적 인간이다. 그러나 외양과 풍기는 분위기는 매우 다르다. 어느 영화평론가의 이야기를 요약해 보면 다음과 같다.

　　람보는 근육질의 상체를 그대로 드러낸 채 무기를 주렁주렁 매달고 다닌다. 람보는 항상 심각하고 긴장된 표정으로 적과 대치한다. 제임스 본드는 말쑥하게 정장을 차려입고 살상무기를 옷이나 자동차나 가방에 숨기고 겉으로 드러내지 않는다. 제임스 본드는 어떤 난관이나 위기에 부딪혀도 미소를 잃지 않는다. 인간관계에서 세련된 매너도 돋보인다. 제임스 본드는 이상적인 남성의 전형으로 모든 남녀 팬들을 열광시킨다. 그러나 폭력성과 잔인성은 제임스 본드도 람보에게 별로 뒤지지 않는다.

　　람보와 제임스 본드 중 누가 더 스트레스를 받을까. 아마 제임스 본드가 더할 것이다. 제임스 본드는 빈틈없이 임무를 수행해야 하며 위기일발의 순간에도 당황하지 말아야 하는 신같이 완벽한 존재가 되고자 한다. 그러나 완벽성을 가장할수록 인간의 공허감은 커진다. 남에게 약한 면을 보이지 말아야 한다는 강박관념이 그를 억누르고 있다. 제임스 본드는 그 공허감과 스트레스를 여자를 통해 해소하려 한다. 제임스 본드의 공허감을 우리는 소위 본드 걸과 놀아나는 그의 엽색행각을 통해 알 수 있다. 그의 사랑은 일시적이고 육체적이며 진실하지 못하다.

명퇴, 조퇴, 황퇴(황당한 퇴직) 등의 말이 남의 이야기가 아닌 상황에서 하루하루를 살아가야 하는 이 땅의 아버지들은 제임스 본드처럼 처신해야 한다. 아내와 자식들에게는 약한 모습을 보이지 말아야 하고, 직장에서는 빈틈없이 업무를 수행해야 한다. 그러나 완벽하게 행동하려 할수록 공허감과 스트레스는 더 커진다. 그런데도 이것을 해소할 길이 없다. 고개 숙인 아버지의 겉모습이 아니라, 그 가슴 속에 꽉 차 있는 공허감과 삶의 비애를 이 땅의 아내와 자식과 칼자루를 쥔 사람들은 생각해야 한다.

차 한 잔의 여유

"시냇가 푸른 이끼에 앉아
솔잎 모아 차를 달인다
차 한 잔 마신 뒤 시를 읊으니
꽃 사이로 흰나비가 날아다닌다."

　정조와 수빈 박씨의 소생으로 태어났으며 또한 순조의 하나
뿐인 동복 누이 동생이기도 했던 숙선 옹주(淑善翁主)가 남긴 〈우
음〉(偶吟, 우연히 읊다)이란 시다. 차를 매개로 한 자연과 인간
그 사이의 여유를 느끼게 해 준다.

　육우(陸羽)는 〈다경(茶經)〉에서 "차는 지상의 청순의 심벌이
다. 적다(摘茶), 제다(製茶) 및 그 보존, 최후에는 차를 달여 마시
기에까지 청결이라는 것이 가장 까다롭게 요망되며, 기름기 있는
손이나 찻잔이 조금이라도 차 잎사귀에 닿기만 하면 지금까지의

노고는 순식간에 모두 헛수고가 되고 만다. 따라서 차를 즐기는 데에는 모든 허식이나 사치스러운 유혹이 눈에서나 마음에서나 말끔히 사라져 버린 분위기라야만 적당한 것이다."라고 적고 있다.

눈만 뜨면 머리를 복잡하고 혼란하게 만드는 것들이 지천으로 깔려 있는 현대를 살아가면서, 우리는 자기 자신을 잃기가 쉽고, 저 깊은 곳에서 나직이 속삭이고 있는 내면의 소리를 놓치기가 쉽다. 인간관계도 실질적인 이해득실에 따라 깊이 없이 맺어지고 있다. 맑고, 조용하고, 밝고, 평화로운 장소에서 차를 마시며 마음과 마음으로 무언의 대화를 나누어 보라. 속세의 삶이 도저히 가져다 줄 수 없는 희열을 느낄 수 있을 것이다.

보다 많은 젊은이들이 다도에 관심을 가지면 얼마나 좋겠는가. 속도와 현기증 나는 변화가 요구되는 상황일수록 마음의 평화와 여유는 더욱 귀중하기 때문이다.

감꽃

"별을 닮은 감꽃
　감꽃 실에 꿰어

가슴까지 길게
길게 목걸이 하면

죽어 별이 된 누이야
누이야 누이야

밤이나 낮이나 너는
너는 지지 않는 내 가슴속의 별"

필자의 졸작 〈감꽃〉이란 시의 전문(全文)이다.
어느 학생이 진달래꽃을 좋아한다고 했다. 그 이유는 소월의

시 때문이라고 했다. 그러나 실제로 진달래를 본 적이 한 번도 없다고 했다. TV 화면을 통해서만 보았다고 했다.

감꽃을 본 적이 있느냐고 물었다. 역시 본 적이 없다고 했다. 감꽃으로 떡을 쪄 먹고, 감꽃으로 목걸이를 해 본 경험은 물론 없었다. 장래 희망은 문학을 전공하는 것이라고 했다.

지난 주말 그 학생을 데리고 감꽃을 보러 갔다. 차창을 스쳐 지나가는 오월의 신록은 눈이 부시도록 찬란했다. "자연을 보라, 그리고 자연이 가리키는 길을 따라가라. 자연은 쉼 없이 아이를 단련시킨다."는 루소의 말을 귓전에 흘려주었다. "자연이 우리를 단련시켜 주는 것이 아니라, 야간 자율 학습이 우리를 단련시켜 주고 험한 세상을 살아갈 수 있는 인내심을 길러줍니다."라고 답하며 눈물을 글썽였다.

대구의 오지(奧地)인 평광동 어느 집 앞 감나무 밑에는 감꽃이 지천으로 깔려 있었다. 감꽃을 주웠다. 깨끗한 것은 씹어 먹기도 했다. 가지고 간 실에 감꽃을 하나씩 꿰어 목걸이를 만들었다. 팔찌도 만들었다. 밤하늘의 별이 대낮에 지상으로 내려와 어린 영혼의 어두운 가슴을 밝혀 주고 있었다. 자연의 아름다움과 진실함은 모든 예술의 궁극적인 기반이라는 메시지도 전해 주었다. 멀리 산 속에서 뻐꾸기 울음소리가 늦은 봄날의 대기 속으로 나른하게 울려 퍼지고 있었다.

괴짜

　　다양한 괴짜가 존재하고, 그 괴짜의 목소리를 경청해 줄 수 있는 여유와 아량을 가지고 있는 사회는 즐거운 일이 많이 일어나고 각박하지 않다. 괴짜의 상실, 이는 끝없이 합리성만을 추구하는 현대사회의 불행이다.

　　젊은 시절 누구나 한번쯤 괴짜가 되고 싶은 충동에 사로잡히게 된다. 이상한 몸짓, 괴상한 옷차림, 특이한 말버릇 등이 바로 그런 욕구를 반영한다. 남에게 즐거움과 신선한 충격을 주는 괴짜란 과연 어떤 존재일까? 영어 단어 original은 '독창적인, 창의성이 풍부한, 새로운, 참신한' 등의 뜻을 가진 형용사다. 이 형용사의 명사형 originality는 '독창성, 기발함' 외에도 '괴짜, 기인'이라는 뜻을 갖고 있다. 여기에서 우리는 진정한 괴짜의 속성을 생각해 볼 수 있다. 참다운 괴짜란 기존의 관습, 사고방식 등에 얽매이지 않고 자기만이 가지고 있는 독창성을 생활화하는 사람이다. 남다른 창의성과 기발함이 특이한 모습으로 나타날 때, 우리는 그를 괴짜, 기인으로 주목하며, 때로 박수갈채를 보낸다.

오늘의 젊은 세대들에게는 남과의 차별성을 강조하는 분위기가 특히 강하다. 그런데 젊은이들의 괴상한 율동과 옷차림이란 것을 가만히 살펴보면 위성방송 등을 통해 보는 일본풍이 지배적이다. 독도 문제 등으로 말로는 일본을 성토하면서도 겉모습은 여전히 그들을 흉내 내고 있는 그 이중성을 어떻게 설명할 것인가. 일본의 것이라면 무조건 나쁘다는 뜻이 아니다. 우리가 그들로부터 배우고 참고해야 할 점이 분명히 많다. 배울 것은 배우지 않고 미국이나 일본의 퇴폐적 유행을 흉내 내는 것은 독창성이라거나 색다른 개성의 표현과는 거리가 멀다는 말이다. 괴짜는 창조적(original)이어야 한다. 자기만의 독창성을 생활화하는 진정한 괴짜들이 많이 나와 우리의 문화적 토양을 더욱 기름지게 할 수 있기를 소망해 본다.

'같이'보다는 '따로'

수능이 100여 일 앞으로 다가오면 여기 저기 특강을 다닌다. 1점이라도 더 받을 수 있는 방법이 있다면 모든 것을 기꺼이 바치겠다는 부모의 마음은 한결 같다. 질의응답 시간에 왜 이런 곳에 오느냐고 물어본다. 집에 가만히 있으면 불안하기 때문이라는 답이 많다. 취미활동이나 운동을 해 보라고 한다. 선량한 눈빛의 어머니들은 공부하는 아이와 열심히 일하는 남편에게 미안해서 그렇게는 못한다고 말한다. 그렇다면 오전은 학교 앞에 가서 아이를 생각하고, 오후에는 남편 직장 앞에 가서 남편을 생각하며 시간을 보내면 마음이 편하지 않겠느냐고 농담을 해 본다. 상당수의 어머니들은 실제로 학교 앞에서 기도를 하며 서성거려 본 적이 있다고 했다.

수능 시험일이 다가올수록 교실은 더욱 소란스러워 진다. 공부할 양은 많은데 시간은 없다는 생각에 모두가 초조하고 불안하기 때문이다. 고통이나 힘겨움이 감당할 수 없을 때는 도피하거나 잊고 싶다. 잠을 자거나 친구끼리 같이 떠들면 일시적으로 공부의 부담을 잊을 수 있다. 망해도 같이 망한다는 생각과 동병상련의 진한 동지애가 마음의 위안을 주는 것이다. 학생들은 시험이 다가올수록 가장 현명한 행동이 무엇인지를 깊이 생각해보아야 할 것이다. 마지막 시점 점점 심해지는 소란한 분위기에 휩쓸리지 않는 학생은 거의 예외 없이 입시에서 성공한다. 석 달 동안 마음만 차분히 가라앉히면 지난 3년간 배운 내용을 두세 차례 정리하고도 시간이 남을 것이다.

어머니는 자녀의 고통과 불안을 언제나 함께 하고 싶어 한다. 민감한 어머니는 관심과 사랑이 지나쳐서 아이보다 먼저 불안해하고 아이보다 먼저 지친다. 냉정하게 생각해 보자. 아이가 불안해하고 조급한 마음을 가질수록 부모는 괜찮다고 말하며 어깨를 툭 쳐주는 여유를 보여 주어야 한다. 이런 생산적인 격려를 잘 하기 위해서는 적극적인 노력이 필요하다. 밑도 끝도 없이 아이를 따라다니기 보다는 차라리 책을 읽거나 등산을 하며 즐겁고 건강한 생활을 하려고 노력해야 한다. 자녀의 일거수일투족을 지켜보며 같이 힘들어하고 아파하며 매사에 개입하고 간섭하는 것이 얼마나 어리석은 행동인지를 알아야 한다. 자녀는 엄마가 자신의 일에 몰두하는 모습을 볼 때 엄마를 인정하고 존경하게 된다. 엄마가 자녀와 함께 불안해하는 것은 교실에서 같이 떠들고 노는 행위와 다를 바 없는 비생산적인 '같이'이다.

디지털 시대와 고전읽기

　　앨빈 토플러와 함께 미래학의 대부로 불리는 짐 데이토(Jim Dator) 하와이 대학 미래전략센터 소장은 정보화 사회 다음에는 드림 소사이어티(Dream Society)가 도래 할 것이라고 단언한다. 드림 소사이어티에서는 '꿈, 이미지, 스토리'가 경제·사회의 새로운 패러다임으로 등장하며, 이미지의 생산, 결합, 유통이 경제의 뼈대가 되고, 감성적 스토리가 덧붙여질 때 새로운 부가가치가 창출된다고 말한다. 드림 소사이어티에서는 사회를 이끌어가는 경제의 주력 엔진이 정보에서 이미지로 넘어간다. 철광석과 석유와 같은 구체적인 물질이 아니라 상상력과 이야기가 생산자원이 된다.

　　한국은 드림 소사이어티를 선도하는 국가이다. 이미지와 스토리를 가공하면 부가가치 높은 상품이 된다는 사실을 미리 깨닫고, 그것을 제품으로 만들어 수출하고 있기 때문이다. 그렇다. 자원이 빈약한 우리는 창의력과 상상력이 새로운 생산 자원이 될 수 있는 시대를 축복으로 생각해야 한다. 새롭게 도래하고 있는 드림 소사이어티에서 우리가 경쟁력을 가지는 또 다른 논거로 우리의 몸 속에 녹아있는 무속적 상상력을 꼽는 학자도 있다. 한류와 무속적 상상력은 우리의 '딴따라 기질'과 밀접한 관련이 있다고 주장한다. 춤과 노래와 이야기라면 역사적으로 우리 민족은 탁월한 경쟁력을 가진다는 것이다. 서울대 김상환 교수는 무속적 상상력의 특징은 감성적 충동과 즉흥성이라고 지적한다. 여기에서는 형식적 균형을 깨는 파격, 비대칭을 낳는 역동적 흐름이 관건이라고 말한다. 한국적 역동성 일반의 기원에 있는 무속은 미래 한국 문화에 대해 귀중한 영감의 원천이라고 해석한다.

정보화 사회 다음에 오는 드림 소사이어티와 한류의 원천인 무속적 상상력을 곰곰이 연결 지어 생각해 보자. 우리 민족이 가지고 있는 역동성이 자칫하면 비합리적 충동과 광신적 맹목으로 빠져들 수 있다는 지적에 공감한다. 무속적 상상력은 통제 불가능한 광기로 번져갈 가능성과 위험성이 있다. 우리 문화의 진보와 좌절을 무속적 상상력과 광기의 측면에서 설명할 수 있는 점도 있다는 지적에 주목할 필요가 있다. 미래 드림 소사이어티에서 지속적으로 성장하고 살아남기 위해 우리 교육은 어디에 중점을 두어야 할 것인가? 지금 우리 눈에 보이는 디지털(digital) 세계를 빙산의 일각으로 보자. 그렇다면 눈에 보이는 빙산을 받치고 있는 그 밑둥치는 무엇인가를 생각해 볼 필요가 있다. 디지털을 떠받치고 있는 밑둥치는 바로 아날로그(analogue)적인 것이다. 단언하건대 디지털 세계에서 경쟁력을 가진 사람이 되려면 아날로그적인 기초가 탄탄해야 한다. 드라마, 가요, 영화, 온라인 게임, 패션 등을 포함한 대중문화 전반이 디지털적인 것이라면 고전 작품과 동서양의 철학 사상, 문화사 등은 아날로그적인 것이라고 할 수 있다.

학생과 학부모, 모든 교육 종사자들은 아날로그적 요소의 핵심이라고 할 수 있는 고전 작품, 철학, 문화사적인 소양 등과 같은 인문학적 교양의 중요성에 새삼 주목할 필요가 있다. 정약용과 박제가, 홍명희와 박경리, 톨스토이와 토스토예프스키, 발레리와 릴케, 토마스 하디와 에밀리 브론테를 읽은 사람과 그렇지 않은 사람은 디지털 세계에서 시간이 흐를수록 그 격차는 더욱 크게 벌어질 것이다. 공자와 맹자, 소크라테스와 아리스토텔레스를 읽은 사람과 그렇지 않는 사람의 차이를 생각해 보라. 오늘의 학생들이 고전 작품을 읽지 않는 것은 그들만의 책임으로 돌릴 수는 없다. 그들이 그럴 수밖에 없는 환경을 제공한 쪽이 기성세대이고 부모이기 때문이다.

한때 아시아를 열광하게 했던 한류 드라마들이 지금은 그 인기가 상당히 떨어졌다고 한다. 한류에 대한 견제도 있었지만 더 큰 문제는 판에 박힌 스토리에 식상하게 되었다는 것이다. 드라마와 제작상의 하드웨어적인 측면은 크게 문제가 되지 않는다.

참신한 스토리, 서사적 스토리를 창조하지 못하는 것이 문제라는 것이다. 이미지와 스토리가 생산 자원이 되는 드림 소사이어티에 능동적으로 대처하기 위해 우리는 고전 교육을 강화해야 한다. 세계화 시대일수록 한국적인 것들이 세계 시장에서 가장 경쟁력 있는 보편적 가치를 가진다는 사실을 깨달아야 한다. 지금 한류가 위기라고 말한다. 그 위기의 근본 원인은 창의력 빈곤에 있다. 상상력과 창의력을 기르기 위해서는 고전을 읽으며, 그 핵심 내용과 행간의 의미를 오늘의 상황에 창의적으로 접목시켜야 한다.

우리 학생들은 컴퓨터 단말기 앞에 앉아 정보의 쓰레기통을 뒤지며, 아무 생각 없이 게임에 몰두하는 행위가 더 이상 자신의 미래에 아무 도움이 되지 않는다는 점을 알아야 한다. 《목민심서》를 읽고, 《삼국지》를 읽고, 《토지》를 읽어야 경쟁력 있는 사람이 될 수 있다. 고전이란 곰팡이 냄새가 나는 시대에 뒤떨어진 글이 아니다. 고전이란 그 속에 흐르는 사상과 주제가 시공을 초월하여 오늘에도 여전히 유효하게 적용되는 작품을 말한다. 천박하고 단편적인 지식이 범람하는 이 시대에 당장 써 먹을 수 있는 실용적 지식이 표면상 힘을 얻고 있는 것 같지만 최고의 직업 교육은 인문학적 소양이라는 말을 우리 모두 곰곰이 되씹어 볼 필요가 있다.

표현력 기르기

　　현대는 표현의 시대이다. 21세기 지식기반 사회에서 표현력은 필수 생존 도구이다. 자신의 생각을 말이나 글로 적절하게 표현할 수 없다면 일종의 장애로 간주될 수 있다. 표현력은 단기간의 벼락치기 방식으로는 길러지지 않는다. 평소에 올바른 자세로 읽고 표현하는 습관이 무엇보다 중요하다. 특히 어린 시절과 저학년 때의 습관이 결정적이다. 표현력은 개인의 성장 환경과 가정의 지적 분위기와도 매우 밀접한 관계가 있다. 어떻게 하면 어릴 때부터 책을 가까이 하면서 읽은 것을 정리하고 표현하는 습관을 자연스럽게 몸에 배게 할 수 있을까.

> ■ 사례 1
> 　　A씨는 대학 1학년과 고2 자녀를 둔 주부이다. A씨는 큰 아이가 초등학교 5학년 때부터 한 달에 두세 번 정도 가족회의를 열었다. 가족회의의 방식은 이러했다. 매주 토요일

이나 일요일 저녁에 네 식구가 과일과 같은 간단한 간식이 놓여있는 식탁에 둘러 앉는다. 이 때 각자는 일주일 동안 자신이 읽은 글 중에서 가장 기억에 남는 글을 5부씩 복사해 와야 한다. 길이가 너무 길어서는 안 된다. 네 식구가 한 부씩 나누어 가지고 남는 한 부는 가족의 역사로 보관하기 위해 따로 철해 두었다.

이런 방식으로 가족회의를 할 때마다 각자는 자기가 고른 글을 포함해서 네 편의 글을 읽었다. 처음에는 서로가 권하는 글을 그냥 읽기만 했다. 깊이 있는 대화를 나누거나 토론은 하지는 않았다. 부담을 가지면 지속되기가 어렵다고 생각했기 때문이다. 이 과정에서 큰 아이가 얼마 동안 아버지가 권하는 글을 재미없어 했다. 그러나 시간이 좀 지나자 아버지의 취향을 이해하게 되었고 그 때부터는 아버지가 권하는 글을 오히려 즐기게 되었다.

중학생이 되면서 토론이 자연스럽게 활성화 되었다. 고등학교 때는 매달 단행본 한 권을 택하여 읽고 난 후 독후감을 적어 와서 서로 토론하기도 했다. 큰 아들은 수능 언어영역에서 한 문제밖에 틀리지 않았고 원하는 의과대학에 입학했다. 둘째도 언어영역 점수가 잘 나오는 편이다. A씨는 말한다. "우리는 지금 가족끼리도 깊이가 없는 피상적인 관계를 가지고 삽니다. 함께 둘러 앉아 서로가 좋아하는 글을 같이 읽어보는 과정은 고차원적인 정신적 교감을 위한 의미 있는 의식입니다. 우리는 글을 읽을 때 서로의 표정까지도 소중하게 느끼게 됩니다."

■ 사례 2

B씨는 지금 국문학과 3학년이다. 그녀는 초등학교 때부터 지금까지 계속해서 일기를 쓰고 있다. 초등학교 1학년 때의 그림일기를 아직까지 간직하고 있다. 장래 희망은 소설가이다. 지난해 어느 대학의 문예작품 공모에 당선되기도 했다.

그녀의 일기는 이런 식으로 발전해 왔다. 초등학교 때는 숙제 검사를 위해 의무적인 일기를 썼다. 며칠간 모아서 한꺼번에 쓴 적도 많았다. 지금 보면 대부분이 짧은 단문인데 이 때 사물과 사건을 간단명료하게 묘사하는 훈련이 된 것 같다고 말한다. 중학교와 고등학교 저학년 때는 주로 문학소녀로서의 다양한 독서 편력, 신변잡기, 밑도 끝도 없는 상념, 특정 사람이나 대상에 대한 주관적 견해, 인상, 맹목적 편견 같은 것들을 기록했다. 이 시기에 정확하게 묘사하고 분석하는 능력을 얻게 되었으며, 기존의 모든 고정관념에서 벗어나 대상을 끊임없이 새롭게 표현하려 하면서 나름의 문체를 확립하게 되었으며 독창적인 표현에 대해 많은 고민을 했다. 좋은 글을 적어 두고 암기하기도 했는데 크게 도움이 되었다. 고3 때는 수험 생활의 어려움을 기록하면서 자신을 위로하고 다독이게 되었다. 대학에 들어와서는 일기장은 취재 노트의 역할을 하고 있다. 일기는 일상성에 매몰되어 있는 우리로 하여금 정신이 잠드는 것을 막아 깨어있게 해 준다. 일기는 복잡한 현대 생활에서 자신의 마음을 다잡고 진정하게 하여 개성 없는 시대에 개성과 주체성을 가질 수 있게 해 준다. 일기는 정신의 카타르시스를 위해서 좋다. 일기는 학생에게는 최고의 표현력 배양 훈련이다.

■ 사례 3

C군은 명문대 법대에 수시모집으로 합격했다. 그는 논술 대문에 합격할 수 있었다고 말한다. 그렇다고 특별하게 논술 준비를 한 것은 아니라고 말한다. 중3 때부터 날마다 신문 사설과 시론(時論) 등을 노트에 오려 붙이며 읽었다. 정리 방법은 이러했다. 대학노트를 펼쳐놓고 왼쪽에는 사설이나 시론, 칼럼 등을 오려 붙이고 오른쪽에는 사전이나 컴퓨터 등을 활용하여 글에 나오는 중요 키 워드를 정리했다. 그런 다음 왼쪽 글에 대한 보충 설명이나 반론을 적었다. 거의 매일 정리했기 때문에 현대 사회의 주요 쟁점을 깊이 있게 파악할 수 있었다. 그 덕분에 논술문을 쓸 때 타당한 논거를 충분하게 제시할 수 있었다. 평소에 꾸준히 관심을 가지고 정리한 것이 쌓였기 때문에 보통 수준의 글과는 차이가 날 수밖에 없었다.

요즈음 여러 신문에서 제공하는 기획 특집 기사는 언어영역과 논술 등을 준비하는데 좋은 자료가 된다. 제시문이 교과서와 고전에서 나와도 논제는 언제나 현실과 깊이 관련된 것들이 많기 때문이다.

▣ 표현력과 사고력을 기르려면

표현력과 창의력을 기르기 위해서는 우선 많이 읽어야 한다. 그러나 많이 읽어 정보만 축적한다고 모든 것이 해결되는 것은 아니다. 읽은 내용에 바탕을 두고 내면의 나, 나를 둘러싸고 있는 현실, 나와 다른 사람과 관계 등에 관해 창의적으로 생각할 수 있는 사고력을 길러야 한다. 신창호 교수가 제시하는 생각하기의 방법과 태도에 관한 다음 6가지 사항을 실천해 보면 엄청난 진전이 있을 것이다.

■ 열린 마음으로 생각하기

열린 생각이란 자신이 옳거나 그르다고 믿는 사실이나 신념이 틀릴 수도 있다는 자세로 생각하는 것이다. 사회적으로 통용되는 여러 견해에 대한 진실성 여부를 다양한 관점에서 바라볼 수 있는 마음의 태도가 중요하다. 열린 마음이란 다른 쪽의 입장에서 논리적 타당성을 살펴보거나 상대방의 올바른 비판을 수용하는 자세이다. 마음을 열어 놓는 사람은 고정된 형식에 안주하지 않고 자신의 생각과 행동을 언제라도 더 나은 방향으로 바꾸려는 자세를 가진 유연한 사람이다

■ 비판적으로 생각하기

비판적 사고는 당연한 것, 자명한 것, 길들여진 것, 자연스러운 것, 정상적인 것, 금지된 것, 익숙한 것 등에 거리두기를 통해 의심하는 것이고 저항하는 것이며 그 이유를 묻고 또 묻는 것이

다. 이런 과정을 거치며 자연스러운 것의 억압성과 비자명성을 드러내는 것이다. 비판적 사고는 인간으로 하여금 물질적·정신적으로 자유와 해방을 쟁취하게 하는 원동력이라고 할 수 있다. 그러나 비판적 사고는 어느 한 쪽에만 치우쳐 독단적으로 고집하는 것은 아니라 모든 것에는 다양한 측면이나 차원, 구조가 있다는 것을 인정하고 그것을 따지는 것이다.

■ 객관적으로 생각하기

객관적인 생각이란 자신의 처지나 이해관계, 감정적 요소를 배제하고 냉정한 제3자의 입장에서 문제의 대상을 투명하게 바라보는 사고 태도이다. 또한, 객관적 사고는 앞뒤가 어긋나지 않고 이치에 맞게 생각하는 생각의 논리성을 말하기도 한다. 논술에서의 객관성이란, 보편적인 논리나 객관적 사실, 공인된 통계나 권위 있는 의견을 매개로 주관적인 견해나 주장을 객관화한다는 뜻이다. 따라서 나 이외의 다른 사람들을 고려하여 입장을 바꿔 놓고 생각하고 판단함으로써, 자신의 의견을 언제나 객관적 근거와 연결시키고 논리적인 모순을 범하지 않으며 일관성 있게 사고하도록 노력해야 한다.

■ 관계적으로 생각하기

세상의 모든 것은 관계의 그물망으로 연결되어 있어 크든 작든 서로 영향을 주고받는다. 사람은 다른 사람이나 대상과 다양한 관계를 맺고 살아간다. 어떤 대상에 접근할 때 단편적이고 부분적인 관점에서 벗어나 유기적이고 전체적인 관점을 취해야 한다. 평면적인 사고가 아닌 입체적인 사고, 단편적인 사고가 아닌 통합적이고 체계적인 사고를 해야 한다. 관계성에는 상호의존적 관계, 독립적 관계, 종속적 관계, 상하 관계, 내적 관계, 외적 관계, 인과 관계, 모순 관계, 정신적 물질적 관계 등이 있다. 문제가 되고 있는 대상이 다른 것들과 어떤 관계를 맺고 있는가를 따져보는 습관을 가지면 독창적인 문제 해결 능력을 기르게 된다.

■ 창의적으로 생각하기

창의적 생각이란 타성이나 습관에 젖어 있는 사고방식에서 벗어나 남들이 발견하지 못한 새로운 방향과 관점에서 대상을 파악하는 것을 말한다. 대상을 새로운 방향에서 바라본다는 것은 그 대상에 대해 지금까지 지켜 왔던 질문의 방향을 바꾸고 상상력을 충분히 발휘해야 가능하다. 독창적 사고는 원리적으로 생각하고 다면적 다각적으로 사고할 때 얻을 수 있다.

■ 현실적으로 생각하기

우리의 모든 추상적 사고와 관념은 현실로 돌아올 때 구체적인 의미를 가지게 된다. 현실이 모든 생각과 감정의 원천이다. 아무리 그럴듯한 논리도 현실과 동떨어질 때 공허해지기 쉽다. 현실은 고정되어 있지 않고 끊임없이 변한다. 현실 속에서 제기되는 다양한 문제들을 올바르게 파악하고 바람직한 해결책을 제시하기 위해서는 여러 쟁점들에 적극적인 관심을 가져야 한다.

인간성 회복과 TV

　　날카로운 문명 비판론을 많이 남긴 네델란드의 역사가 호이 징가는 놀이하는 유희적 인간이라는 뜻을 가진 〈호모 루덴스〉란 명저를 남겼다. 그는 이 책에서 놀이는 문화의 한 요소가 아니라, 문화 그 자체가 놀이의 성격을 갖고 있다고 결론을 내리고 있다. 모든 형태의 문화는 그 기원에서 놀이의 요소가 발견되며, 인간의 공동생활 자체가 놀이 형식을 가지고 있다. 사냥은 물론 정쟁 조차도 놀이의 성격이 있다. 그는 문명이란 놀이 속에서 놀이로서 생겨나 놀이를 떠나는 법이 전혀 없다고 말하며, 인간은 놀이를 통하여 그들의 인생관과 세계관을 표현하고 있다고 말한다. 그는 현대에 가까이 올수록 문화가 놀이의 성격을 벗어나고 있다고 개탄한다. 일과 놀이가 과거처럼 자연스럽게 결합하지 못하는 것이 현대의 불행이라는 것이다.

　　TV를 '제2의 신'이라고 부르는 사람도 있다. TV의 영향력은 사실 그 어떤 종교보다도 크다. 오늘날 TV는 생각하는 능력과 판단력이 점차 쇠퇴하고 있는 일반 대중의 의식과 생활을 좌우한다. 그렇다고 부정적인 측면만을 고려하여 TV없는 삶을 생각할 수는 없다. 어떻게 하면 이 문명의 이기를 잘 활용할 것인가를 생각해야 한다.

　　다민족 부랑인들로 구성된 싱가포르가 수십 년 만에 선진국이 될 수 있었던 까닭은 매스컴 때문이었다. 싱가포르는 매스컴이 어떤 문명한 목적을 가지고 노력하면 사회 자체가 바뀐다는 사실을 입증했다. 우리 사회의 부패와 타락상을 보며 많은 사람들이 '인간성 회복'을 외치고 있다. 인간성은 그냥 부르짖는다고 회복되는 것이 아니다. 그것은 학습에 의해 형성되고 다듬어진다. 누가 그 역할을 담당해야 할 것인가. 두말할 것도 없이 매스컴 특히 TV가 그 기본적인 역할을 맡아야 한다. TV는 오락과 수준 높은 교양물, 정보의 취사선택 등에서 늘 균형을 고려해야 한다. 그 다음 심화 학습은 여러 교육기관과 문화단체의 몫이다. 이런 문제에 대한 심각한 토론과 실천적 대안이 마련되지 않는다면 교실에서 급우를 살해하고 인터넷 자살 사이트를 보고 동반 자살하는 사건들은 끊임없이 되풀이 될 것이다.

철학과 인문학

　　Martimir.J.Adler가 〈Philosophy in an Age of Science, 과학의 시대에 있어서 철학〉에서 주장하고 있는 중요 부분을 요약 번역해보면 다음과 같다.

　　과학은 물리적, 사회적 현상을 정확하게 이해하기위해, 사물이 어떻게 움직이는가를 묘사하려한다. 과학은 천체의 움직임, 원자의 내부 활동, 생리적 과정, 사회적 운동, 인간의 행동 등을 연구대상으로 삼는다.

　　과학적 지식의 용도는 무엇인가? 베이컨(F. Bacon)은 '과학은 우리에게 힘을 준다' 는 말로 그 질문에 답한다. 과학적 지식은 우리가 살고있는 이 세계의 물리적, 사회적 현상을 이해하고 통제할 수 있게 해 준다. 그 질문에 대한 또 다른 답은, 과학이 인간으로 하여금 무엇을 생산할 수 있게 해 준다는 것이다. 기술자나 의사는 과학적 지식을 이용하여 다리를 건설하거나 건강을 회복할 수 있게 해 준다. 그러나 이 과학적 지식은 또한 우리가 알고 있는 바와 같이 무엇을 파괴하거나 사람을 죽이고 불구로 만드는 데도 이용될 수 있다.

과학은 인간에게 건설적인 힘과 파괴적인 힘을 동시에 제공한다. 과학은 우리에게 선한 목적뿐만 아니라 악한 목적의 추구도 더 용이하게 할 수 있는 수단을 제공한다. 과학자체는 도덕적으로 가치중립적이다. 과학은 수단이 사용되는 목적의 가치에는 무관하다. 과학은 인간에게 어떤 도덕적인 방향을 전혀 제시하지 않는다. 그러므로 과학이 제공해주는 수단이 가치있는 목적에 이용되기 위해서는 철학에 의해 보완되어야한다는 주장은 지극히 옳은 말이다.

오늘날 많은 사람들이 철학은 쓸모가 없다고 생각한다. 과학처럼 어떤 물건을 생산하지 않기 때문이다. 그러나 철학적 지식은 과학과는 아주 다른 방식으로 유용하고 가치가 있다. 철학적 지식의 용도는 기술적, 생산적인 것에 있는 것이 아니라, 도덕적 방향을 제시하는 데에 있다. 과학은 우리에게 우리가 이용할 수 있는 수단을 제공해 주고, 철학은 우리에게 우리가 추구하는 목적의 방향을 제시해 준다.

행복이란 무엇인가? 인간의 임무는 무엇인가? 어떤 정부 형태가 가장 정의로운가? 사회의 공동선이란? 인간은 어떤 자유를 누려야 하는가? 이런 질문을 포함하여 옳고 그름, 선과 악과 같은 질문들에 과학은 과거에도 그랬고 앞으로도 답을 주지 못할 것이다. 그러나 이런 질문에 대한 답을 얻을 수 없다면, 우리 인간은 나침반도 방향타도 없는 세계에서 표류하게 될 것이다. 개인이나 국가가 큰 힘을 발휘할 수 없던 과거에는 크게 위험하지 않았다. 그러나 엄청난 속도와 힘으로 움직일 수 있는 오늘날 우리들이 올바른 방향을 잡지 못한다면 언제라도 파국이 초래될 위험이 있다.

우리에게 옳은 것과 그른 것의 차이를 가르쳐 주고, 인간으로 하여금 우리의 본성에 맞는 선으로 이끌어 줄 수 있는 것은 과학이 아니라 철학이다. 과학의 생산적 유용성이 사물의 움직임을 정확하게 묘사하는 데서 나오듯이, 철학의 도덕적 유용성은 과학이 연구하는 현상의 저변에 있는 그 궁극적인 본질을 깊게 이해하는 데서 나온다. 과학적 지식과 철학적 지식은 둘 다 꼭 필요하다. 어느 한쪽이 답할 수 없는 것을 다른 쪽이 답할 수 있기 때문이다.

모로 가는 서울

　9월 모의평가를 친 그 다음날 단정한 옷차림의 어떤 남학생이 찾아왔다. 아무리 공부해도 언어영역 성적이 오르지 않아 상담을 하고 싶다고 했다. 학습 습관, 시험을 칠 때의 풀이방법과 심리적 상태 등에 관해 질문을 했다. 문제점을 쉽게 찾을 수 있었다. 지문보다는 질문과 보기를 먼저 보는 역순의 문제풀이 습관 때문에 투자한 만큼의 성과를 얻지 못하는 경우였다. 많은 학생들이 왜 '다음 글을 읽고 물음에 답하시오'라는 풀이 순서를 지키지 않는가.

　상당수의 선생님, 특히 학원 선생님들은 문제풀이를 할 때 설명의 편의를 위해 질문과 보기를 먼저 보게 한 후 지문을 해설하는 경우가 많다. 보기에 맞추어 지문을 해설하는 역순의 설명은 얼핏 보면 매우 명료하고 시간을 단축하는 해법처럼 보일 수 있다. 그러나 실전 상황에서는 그런 식으로 답을 찾기가 어렵다.

질문과 보기를 먼저 보고 지문을 읽게 되면, 머리에 입력된 다섯 개의 보기가 선입견이나 편견으로 작용하여 지문의 올바른 이해를 방해할 수 있기 때문이다. 답에 짜 맞추는 설명은 수업을 들을 때는 신기하게 느껴지지만 실력 향상과는 무관한 경우가 많다. 아무리 문제를 많이 풀고 오래 학원에 다녀도 성적이 안 오른다면 자신의 학습 방법과 선생님의 수업 방식을 한 번쯤 검토해 볼 필요가 있다.

어느 국어 선생님과 이 문제에 대해 토론을 한 후 실력이 비슷한 학생 열 명을 상대로 실험을 한 적이 있다. 다섯 명은 질문과 보기를 먼저 본 다음 지문을 읽고 답을 찾게 했다. 나머지 다섯 명은 지문부터 읽고 문제를 풀게 했다. 네 차례 시험을 치면서 각 집단은 풀이 방법을 두 번씩 서로 바꾸었다. 결과는 지문부터 읽은 집단의 평균 성적이 매번 더 좋았다. 특히 논리적인 사고력보다 작품의 감상력을 중시하는 문학 문제는 더욱 그랬다. 실험에 참가한 학생들도 지문부터 읽는 것이 글의 주제를 훨씬 정확하게 파악할 수 있었다고 말했다.

많은 사람들이 모로 가도 서울만 가면 된다고 생각하는 경향이 있다. 그러나 요령과 편법을 즐기는 사람은 정도(正道)로 가는 사람보다 중간지점까지는 앞서 갈 수 있을지 모르지만, 최종 종착지에는 반드시 늦게 도착한다는 사실을 기억할 필요가 있다. 정상적인 절차를 무시하고 최고가 될 수 있는 길은 없다.

불안정과 예측불허의 가능성

항상 피라미드의 꼭짓점에 서 있는 것과 같이 느껴져 잠시도 마음의 안정을 유지할 수가 없다고 하소연하는 학생이 있었다. 어디로 굴러 떨어질지 모른다는 생각에 늘 불안하여 공부가 손에 잡히지 않는다고 했다. 이런 저런 이야기를 나누면서 학생의 인문적 소양이 꽤 깊다는 사실을 알 수 있었다. 심리학적으로 접근하는 일반적인 상담보다는 과학적 해결책을 제시하는 것이 나을 것 같았다. 이시카와 미츠오의《동양적 사고로 돌아오는 현대과학》에 나오는 다음 이야기를 같이 읽었다.

"개방계를 지닌 생명체, 즉 인간은 늘 안정하지 않으면 생명을 유지할 수 없다. 사실 이것은 대단히 어려운 일임에 틀림없다. 그러면 안정이란 도대체 어떠한 상태를 말하는 것일까. 매끈한 그릇 모양의 곡면에 구슬을 넣으면 도르르 소리를 내면서 구르는데 그러다가 맨 밑바닥에서 딱 멈춘다. 이것이 열역학상의 안정상태(평형상태)이다. 그러면 이 안정은 생명체의 안정일까? 평형상태의 안정은 그릇 속이라는 폐쇄계 안에서의 안정이다. 개방계인 생명체는 내부와 외부로부터의 여러 가지 힘이 항시 움직이고 있으므로 그릇의 바닥에 있는 구슬과 같은 안정상태가 아니다. 우리들 생명체의 안정을 나타내는 모델은 이렇다."

경사면이 매끈한 산을 가정하고 그 정상에 구슬을 놓는다. 그러면 구슬은 여러 방향으로 굴러갈 가능성이 있다. 이 구슬은 그릇 밑바닥의 구슬과는 달리 완전히 균형잡힌 상태가 아니다. 이것은 물리학적으로는 비평형상태라 부른다. 정상의 구슬은 어느 방향에서건 조금이라도 자극을 받으면 곧장 굴러 떨어진다. 불안정한 가운데 안정하다고 말할 수 있겠으나 그것은 많은 가능성을 지닌 안정이다. 결국 비평형상태의 안정은 다음 변화를 예측할 수 없는 안정성인 것이다.

개방계인 인간은 쉬지 않고 변화하는 외부의 조건에 언제든 대응할 수 있는 유연성을 필요로 한다. 개방계인 생명체는 죽을 때까지 비평형적인 안정 상태를 유지하는 다이너미즘(dynamism) 가운데 살고 있는 것이다.

학생은 생명체의 신비와 우리 삶의 특징적 단면을 명쾌하게 설명해 주고 있는 글의 내용을 깊이 있게 이해했다. 삶이 불안정하기 때문에 온갖 예측불허의 가능성이 존재한다는 사실을 진지하게 받아들이고 생활에 적용하려고 했다. 그 후 경쟁과 긴장조차도 즐길 수 있게 되었다. 불안정한 피라미드의 꼭짓점을 모든 가능성의 출발점으로 받아들였던 것이다.

젊은 시인에게 보내는 편지

　방학은 계절적으로 힘든 기간에 가정에서 휴식을 취하면서 평소에 하고 싶었던 취미 생활이나 특기·적성에 많은 시간을 할애할 수 있는 휴가여야 한다. 공부 측면에서 본다면 방학은 여러 과목 중 특히 부족한 부분을 스스로 알아서 보충할 수 있는 자율 학습이 허용되는 여유로운 시간이다. 불행하게도 요사이 학생들은 방학이란 계속 학교에 나가면서 오후에만 다소 자유가 허용되는, 단축수업을 받는 기간이라고 생각한다.

　여름 방학이 시작되었지만 과거 부모들이 누렸던 방학의 여유로움은 오간데 없다. 부모의 극성은 학생들이 무엇을 자발적으로 시도하고 도모해 볼 기회 자체를 원천 봉쇄하고 있다.

　요즘의 아이들은 모든 것을 타의에 의해 수행하다보니 어떤 것에 끝까지 천착해 들어가는 치열함을 훈련할 겨를이 없다. 방학을 시작하며 한 번쯤 생각해 보자. 다음 학기에 보다 활기찬 생활을 기대한다면 학원과 과외에 매달리기 보다는 운동을 하고 독서를 하는 것이 더 바람직하다는 사실을. 대자연과 호흡하며 호연지기를 기르고 독서를 통해 진한 감동을 경험할 때 풍부한 정서와 긍정적 사고는 배양되며, 여러 다양한 도전에 치열하게 대결할 수 있는 힘과 지혜를 얻게 된다.

최근 부모와 자녀가 방학을 맞이하여 함께 읽을 수 있는 책을 한 권 추천해 달라는 편지를 받았다. 라이너 마리아 릴케의 《젊은 시인에게 보내는 편지》를 권하고 싶다. 여행을 갈 때 휴대하기에도 좋은 얇은 책이다. "이 세상의 어느 누구도 당신에게 충고하고 당신을 도울 수 없습니다. 그 누구도 할 수 없습니다. 당신에겐 단 한 가지 길밖에는 없습니다. 당신의 마음 깊은 곳 속으로 들어가십시오. 가서 당신에게 글을 쓰도록 명하는 그 근거를 캐 보십시오. 그 근거가 당신 심장의 가장 깊은 곳까지 뿌리를 뻗고 있는지 확인해 보십시오. 글을 쓸 수 없게 되면 차라리 죽음을 택하겠는지 스스로에게 물어 보십시오." 릴케가 시인을 꿈꾸는 젊은이에게 자신의 작품을 남에게 평가 받고 싶어 하기 전에 간절히 쓰고 싶은 그 무엇이 있는지를 먼저 확인해 보라고 충고하는 대목이다. 릴케는 간절한 소망과 열정, 치열함을 강조하고 있다. 공부를 비롯한 모든 곳에서 이런 자세가 필요하다.

릴케는 남에게 보이려는 글도 쓰지 말고 소박한 자연으로 눈을 돌려 보라고 당부한다. 무엇보다도 자신의 내면에 충실하며 깊게 숙고하라고 충고한다. 온 가족이 내면의 성장과 성숙을 위해 좀 더 시간을 투자해 보자.

들뜬 사회와 균형감각

이 눈부신 계절에 우울한 편지를 받았다. "선생님, 고2 여학생입니다. 중간고사를 망쳐 엄마와 싸우고 죽어 버릴까 생각했습니다. 물론 제 자신에게 문제가 있습니다. 시험 기간에도 인터넷만 했으니까요. 저는 인터넷에서 많은 글을 읽습니다. 어려운 책을 쉽게 설명해주고 요점을 잘 정리해주기 때문입니다. 인터넷에서 실존주에 대한 글을 읽었는데 인간의 삶이 너무나 암담하고 비극적인 것 같아요. 살아도 희망이 없을 것 같습니다. 아무리 생각해도 제가 인터넷에서 읽은 내용이 맞는 것 같아요. 제가 살아야 할 이유와 희망이 있을까요? 귀찮더라도 답장 기다리겠습니다." 학생의 긴 글을 일부만 요약하고 정리한 내용이다.

인터넷이 문명의 이기라는 사실은 아무도 부인하지 않는다. 어떤 주제에 대해 깊이 있는 정보를 얻기 위한 준비 단계에서 인터넷은 훌륭한 길잡이와 동기 유발자의 역할을 수행할 수 있다.

학생은 인터넷에서 실존주의에 관한 단편적인 글을 접하고는 자기 삶과 현실에 대해 멋대로 결론을 내리고 있었다. 학생은 편향된 관점에서 어느 한 부분만을 두드러지게 강조하는 글을 접하며 인간이란 비합리적이고, 부조리와 우연성에 가득한 비극적 존재라는 생각에 깊이 빠져 있는 것 같았다. 그러나 이 학생은 인간은 실이 끊어진 연처럼 고독하게 세계와 마주하고 있지만, 불합리와 부조리한 상황에 용기 있게 맞서 싸우며 보다 나은 세계를 창조하기 위해 부단히 필사적으로 노력하는 존재이기도 하다는 글은 읽지 못한 것 같았다.

우리는 너무 조급하다. 즉흥적이고 즉물적인 사고방식과 선정적인 충동성이 정치, 경제, 사회, 문화 등 전 분야의 질적 성장을 가로막고 있다. 과거에 대한 진지한 성찰, 현 상태에 대한 심층적인 분석과 진단, 미래에 대한 우려와 전망 등이 유기적인 관계 속에서 차분하게 음미되지 않는다. "인터넷을 포함한 미디어는 '지금 여기'를 제외한 모든 것을 우리의 관심에서 멀어지게 하고, 사고의 호흡을 가쁘게 하고, 생활리듬을 일희일비 속에 들뜨게 만든다."라고 지적한 어느 학자의 말은 우리에게 많은 것을 생각하게 한다.

부모의 생각이
바뀌면 자녀의
미래가 달라진다